Histoire
de Jacques Casanova de Seingalt vénitien
écrite par lui même à Dux
en Bohême *Nequicquam sapit qui sibi non sapit*

Chapitre I.ᵉʳ

L'an 1428 D. Jacobe Casanova né à Saragosse capitale de l'Aragon, fils naturel de D. Francisco enleva du
couvent D.ᵉ Anna Palafox le lendemain du jour qu'elle
avoit fait ses voeux. Il étoit secretaire du roi D. Alphonse.
Il se sauva avec elle à Rome où après une année de prison, le pape Martin III donna à D. Anna la dispense
de ses voeux, et la benediction nuptiale à la recomandation
de D. Jouan Casanova maitre du sacré palais oncle
de D. Jacobe. Tous les issus de ce mariage moururent en
bas âge excepté D. Jouan qui epousa en 1475 Eléonore
Albini dont il eut un fils nommé Marc-antoine.

L'an 1481 D. Jouan dut quiter Rome pour avoir tué
un officier du roi de Naples. Il se sauva à Como avec sa
femme, et son fils; puis il alla chercher fortune. Il mourut en voyage avec Christophe Colombo l'an 1493.

Marc-antoine devint un poète dans le genre de Martial,
et fut secretaire du cardinal Pompée Colonne. Une satyre
[...]
[...]
[...] Rome [...]
et le fit retourner à Rome que [...]
[...] mise, et pillée par [...]
Sans cela [...]

me serai...

puyée ma tête à un astre. La première idée qui se
presenta à mon esprit; mais que j'ai d'abord rejettée
fut que madame = voulût se desavouer: toute femm[e]
qui s'abandonne à quelqu'un dans un endroit obscur
a le droit de se renier, et l'impossibilité de la convaincr[e]
de mensonge peut exister; mais je connoissois trop bi[en]
madame = pour la supposer capable d'une si basse per[-]
fidie inconnue à toutes les femmes de la terre, excep[té]
aux veritables monstres l'honneur, et opprobre du ge[nre]
humain. J'ai dans le même instant vu que si elle
m'avoit dit qu'elle m'avoit attendu en vain pour se diver[tir]
de ma surprise, elle auroit manqué de délicatesse, car
dans une matiere de cette espece le moindre doute suffit [pour]
degrader le sentiment. J'ai donc vu la verité. La ?.... l'avoit
supplantée. Comment avoit elle fait? Comment l'auroit ell[e]
su? C'est ce qui depend du raisonnement, et le raisonnemen[t]
ne vient à la suite d'une idée qui opprime l'esprit que lorsqu[e]
l'oppression a perdu la plus grande partie de sa force. Je
me trouve donc dans l'affreuse certitude d'avoir pass[é]
deux heures avec un monstre sorti de l'enfer, et la pen[sée]
qui me tue c'est que je ne peux pas nier de m'être trouv[é]
heureux. C'est ce que je ne peux pas me pardonner, ca[r]
la difference d'une à l'autre étoit immense, et sujette au
jugement infaillible de tous mes sens, dont cependant la
vue, et l'ouie ne pouvoient pas être de la partie. Ma[is]
cela ne suffit pas pour que je puisse me pardonner. Le

...suis donc retourné le lendemain au palais de Bourbon. Etant sûr que le Suisse me diroit que le ministre qu'il étoit occupé, j'y suis allé a-vec une petite lettre que je lui ai laissée. Je m'annon-çois, et je ... n'attendois ... voyois obligé à faire par d'avantage ... ; c'étoit une cor-tout ou ... mais j'étois en devoir uée ... en montroient d'é... le vif intérêt ... qu'ils prient ... à ma ... au souper de ... j'ai ... plus tranquille ... veille ... les marques ... elle ... et le mérite ... fille m'a ... qui ... et ... compliment à ... défe... ... Je me suis retiré de bonne ... le ministre me diroit ... Je l'ai reçu à huit heures. Il me dit ... heu-res de ... je le trouverois ... ... qu'il avoit de me voir victorieux ... toute...

Ma sortie de la prison par le toit du palais ducal

Une minute après, deux sbires me portèrent mon lit, et s'en allèrent pour revenir d'abord avec toutes mes hardes, mais deux heures s'écoulèrent sans que je revisse personne, malgré que les portes de mon cachot fussent ouvertes. Ce retard me causait une foule de pensées; mais je ne pouvais rien deviner. Devant tout craindre, je tâchais de me mettre dans un état de tranquillité fait pour résister à tout ce qui pouvait m'arriver de désagréable.

Outre les plombs, et les quatre, les inquisiteurs d'état possèdent aussi dix neuf autres prisons affreuses sous terre dans le même palais réal, où ils condamnent des criminels qui ont mérité la mort. Tous juges souverains de la terre ont toujours cru qu'en laissant la vie à celui qui a mérité la mort on lui fait grâce, quelque soit l'horreur de la peine qu'on lui substitue. Il me semble que ce ne puisse être une grâce que paraissant telle au coupable; mais ils la lui font sans le consulter. Elle devient injustice.

Les dix neufs prisons souterraines ressemblent parfaitement à des tombeaux; mais on les appelle puits, parcequ'ils sont toujours inondés par deux pieds d'eau de la mer qui y entre par le même trou grillé par où ils reçoivent un peu de lumière; trous n'ont qu'un pied carré d'extension. Le prisonnier est obligé, à moins qu'il n'aime d'être toute la journée dans un bain d'eau salée jusqu'aux genoux, de se tenir assis sur un tré- teau, où il a aussi sa paillasse, et où l'on met au point du jour sa soupe, et son pain de munition qu'il doit manger

qu'elle gagnera dans chaque tirage, et que si un homme
hardi se presentoit, pour leur donner cette assurance, il
devroient le chasser de leur presence, car ou il ne leur
tiendroit pas parole, ou s'il la leur tint il seroit fripon

M. du Vernai se leva disant qu'en tout cas on sera le
maître de la supprimer. Tous ces messieurs, après avoir
signé un papier que M. du Vernai leur presenta, s'en al-
levent. Calsabigi vint le lendemain me dire que l'affaire é
faite, et qu'on n'attendroit que l'expédition du decret. Je lui a
promis d'aller tous les jours chez M. de Boulogne, et de la fa
nommer à la regie d'abord que j'aurois vu de M. de Vern
même ce qu'on m'assigneroit.

Ce qu'on me proposa, et que j'ai d'abord accepté, fu
rent six bureaux de recette, et quatre mille francs d
pension sur la loterie même. C'etoit le produit d'u
capital de cent mille francs, que j'aurois été maître de
retirer renonçant aux bureaux, puisque ce capital u
tenoit lieu de caution

Le decret du conseil sortit huit jours après. On do
na la regie à Calsabigi avec les appointemens de tr
mille francs par tirage, et une pension de quat
mille francs par an comme à moi, et le grand bu
reau de l'entreprise à l'hôtel de la loterie dan
la rue Montmartre. De mes six bureaux j'en ai d
                              deux mille
                    quatre mille   francs chacun, et j'ai ouver

À C'etoit
un jeune
italien fort
intelligent
qui avoit
servi en
qualité de
valet de
chambre

SOMMAIRE

CASANOVA
HISTOIRE DE SA VIE

Michel Delon

DÉCOUVERTES GALLIMARD
LITTÉRATURES

Au XVIIIᵉ siècle la cité de Venise s'étourdit dans le luxe et la fête. Fils de comédiens, Casanova est l'incarnation de ce vertige sensuel. Ses excès le condamnent à l'exil et il cherche à travers l'Europe la cour et le prince qui lui offriront l'occasion de briller et de rire. Pour y parvenir, il est prêt au mensonge et à l'imposture. Il a été prêtre, officier, il est désormais voyageur, joueur, séducteur et magicien. Sa vie est une alternance de faveurs princières et de misère, de prisons et de fuites, jusqu'à l'exil final comme bibliothécaire dans un château en Bohême.

CHAPITRE 1

UN VÉNITIEN EN EUROPE

Casanova a connu en 1760 à Rome le peintre Anton Raphael Mengs qui propose de lui un portrait allégorique, entre les livres et l'amour, le savoir et le plaisir. L'aventurier acquiert une honorabilité grâce aux laissez-passer officiels. Celui de septembre 1767 est signé par le duc de Choiseul.

Casanova n'existerait pas sans Venise, sans la cité surgie des flots qui a su s'imposer au cours des siècles entre la terre et la mer, l'Occident et l'Orient et bientôt entre le rêve et la réalité. Les Vénitiens ont construit leur puissance comme marins et comme marchands. Ils se sont rapidement affirmés dans le commerce, dans l'industrie du luxe et dans les activités bancaires. Ils produisaient des bijoux, des soieries, des miroirs. Ils entretenaient à travers la Méditerranée un réseau de relations commerciales et diplomatiques.

La cité est une république paradoxale, dirigée par un duc devenu doge, qui bénéficie de tout un apparat monarchique, mais dont le pouvoir est strictement limité par les conseils et par la bureaucratie administrative. La fonction de doge n'est pas héréditaire, mais les vieilles familles de la cité sont seules représentées dans les conseils. Elles veillent strictement à se réserver toutes les fonctions stratégiques.

La ville du carnaval

Au XVIIIe siècle, Venise perpétue ses traditions comme si rien depuis le Moyen Âge

La vie des Vénitiens est rythmée par les grandes fêtes de la Cité, dont la plus importante est le mariage du doge avec la mer. Le jour de l'Ascension, le *Bucentaure* conduit le doge en mer pour lui permettre d'y jeter un anneau d'or, symbole de la domination de Venise sur les eaux (ci-dessus, la scène du départ du *Bucentaure*, sur le Grand Canal). D'octobre au carême, la ville fête le carnaval. Chacun peut se travestir. Les déguisements sont inspirés par la *commedia dell'arte*.

Le *Ridotto* (ci-dessous, une peinture de Pietro Longhi, « chroniqueur » de la vie des Vénitiens au XVIIIe siècle) désigne la maison de jeu, autorisée durant le carnaval et gérée par le gouvernement de Venise, qui contrôlait ainsi les mouvements d'argent et les trafics qui l'entouraient. Pour se déguiser, les hommes portent le tricorne, la cape et le large masque blanc, les femmes le petit masque noir. Casanova aime cette théâtralité qui dramatise le hasard et légitime l'habileté. Il se décrit lui-même comme « joueur déterminé, panier percé, grand parleur toujours tranchant ».

n'avait changé autour d'elle, mais la cité des marins, durs à la tâche, est devenue une ville de ce qui ne se nomme pas encore le tourisme. L'aristocratie locale s'intéresse plus à ses investissements dans l'arrière-pays et dans la banque qu'au commerce maritime. Sa rhétorique républicaine de l'intérêt commun cache mal son égoïsme hédoniste. Elle encourage une école artistique florissante et accueille les riches voyageurs qui font le Grand Tour en Europe pour leur formation ou leur agrément. Le strict contrôle politique, garanti par une inquisition d'État, va de pair avec une tolérance exceptionnelle dans le domaine des mœurs, assurée par un carnaval qui dure une bonne partie de l'année, d'octobre au carême, avec une parenthèse pour Noël. Chacun, chacune est alors masqué, disponible pour tous les plaisirs et les trafics. Les salles de théâtre et d'opéra, les salons de jeu et les maisons de prostitution se proposent d'étourdir les voyageurs de jouissances raffinées.

Un fils de comédien

Casanova voit le jour au cœur de ce système du luxe et de la sensualité. Il est le fils de deux acteurs que leur carrière théâtrale conduit à travers l'Europe. Giacomo Girolamo Casanova, qui francise son prénom en Jacques, naît à Venise le 2 avril 1725, ses frères Francesco et Giovanni Battista, respectivement à Londres en 1727 et à Venise en 1730. La famille est caractéristique de cette Venise du XVIIIᵉ siècle où l'art remplace la puissance

Les théâtres sont au XVIIIᵉ siècle des lieux de mondanité. À la jeune femme, accompagnée d'un officier, dont il vient de faire la connaissance, Casanova offre aussitôt sa loge au théâtre San Moïse, loge qu'en fait il n'a pas louée, mais qu'il s'empresse d'aller réserver. Après le spectacle, il les

maritime et commerciale. Les parents illustrent la tradition théâtrale italienne, Francesco et Giovanni Battista, les cadets, feront carrière comme peintres. L'école vénitienne de peinture rayonne alors de toutes les couleurs de sa palette, elle s'exporte à travers le continent. Les Tiepolo père et fils travaillent en Bavière et en Espagne. Les vues de Venise de Canaletto enthousiasment les Anglais qui l'accueillent à Londres, son neveu et disciple Bernardo Bellotto, dont on a souvent confondu

emmène souper « dans une locande » (un restaurant) où la belle lui consent « toutes les faveurs que la bienséance permet d'accorder » en présence d'un tiers.

les œuvres avec celles de son oncle, se fixe à Dresde puis à Varsovie. Rosalba Carriera impose le portrait au pastel à Paris et à Vienne, où elle enseigne la peinture à l'impératrice. Dans le sillage de ces maîtres, Francesco fait carrière à Paris comme peintre de batailles, il y est admiré par Diderot dans les comptes rendus des Salons et admis à l'Académie royale de peinture. Giovanni Battista s'installe à Dresde où il devient professeur, puis directeur de l'Académie.

À quelle carrière est destiné le fils aîné de la famille ? Elle semble *a priori* plus austère. Confié à sa grand-mère, il est mis en pension à Padoue, où il fait des études de droit, pour devenir avocat ecclésiastique, puis suit un cursus religieux. Il reçoit la tonsure en 1740, les quatre ordres mineurs en 1741. Mais à Padoue et à Venise, il se passionne pour la littérature latine et italienne aussi bien que pour la médecine et la chimie. Il y acquiert quelque talent pour versifier et une teinture des différentes sciences qu'il ne manquera pas d'exploiter tout au long de sa vie. Un de ses premiers sermons, après un trop bon repas, est une catastrophe. Si carrière ecclésiastique il y a, ce ne sera pas par la voie classique, mais peut-être dans l'ombre d'un prélat, comme secrétaire ou comme conseiller.

Un abbé mondain

La mère de Giacomo lui trouve un religieux, qu'elle aide à obtenir un évêché et qui s'engage à prendre le jeune homme avec lui. Celui-ci lui donne rendez-vous à Rome pour le mener dans son évêché au fin fond de la Calabre. Mais Casanova rate le rendez-vous, il est donc condamné à traverser toute l'Italie, de Venise à Rome, de Naples à Cosenza, en bateau, à pied, en voiture et en carriole, tantôt privilégié, tantôt mendiant, profitant des bonnes fortunes qui se présentent, n'évitant pas toujours les vols et les viols.

Disgracié par un premier protecteur vénitien, Malipiero, le jeune Giacomo se retrouve au séminaire (ci-dessous, détail de *La frateria di Venezia*, de Longhi).
« La principale affaire qui appartenait à la surveillance du préfet était celle de bien voir qu'un séminariste n'allât se coucher avec un autre. On ne supposait jamais cette visite innocente ; c'était un crime

capital, car le lit d'un séminariste n'est fait que pour qu'il y dorme » (I, VI). Giacomo se retrouve bien vite au lit avec un beau camarade, il est chassé du séminaire.

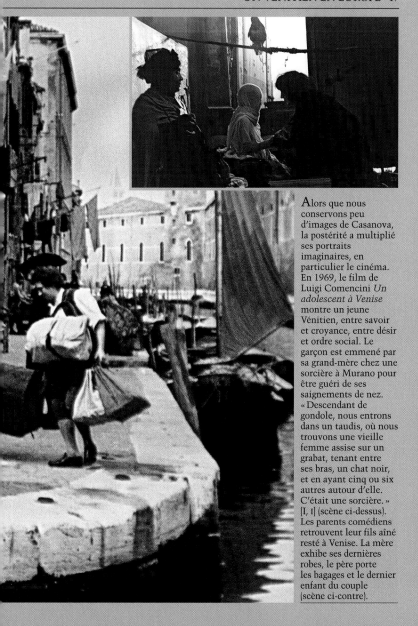

Alors que nous conservons peu d'images de Casanova, la postérité a multiplié ses portraits imaginaires, en particulier le cinéma. En 1969, le film de Luigi Comencini *Un adolescent à Venise* montre un jeune Vénitien, entre savoir et croyance, entre désir et ordre social. Le garçon est emmené par sa grand-mère chez une sorcière à Murano pour être guéri de ses saignements de nez. « Descendant de gondole, nous entrons dans un taudis, où nous trouvons une vieille femme assise sur un grabat, tenant entre ses bras, un chat noir, et en ayant cinq ou six autres autour d'elle. » C'était une sorcière. » [I, I] (scène ci-dessus). Les parents comédiens retrouvent leur fils aîné resté à Venise. La mère exhibe ses dernières robes, le père porte les bagages et le dernier enfant du couple (scène ci-contre).

Il met au point ses techniques pour jouer de son physique et de son esprit, pour saisir les hasards et les occasions. Mais au bout du voyage, le palais de l'évêque de Martorano est misérable, au milieu d'une campagne indigne des souvenirs littéraires grecs et latins. Les femmes paraissent laides, les hommes incapables de tenir une conversation. « J'ai clairement dit à *Monsignor* que je ne me sentais pas la vocation de mourir dans peu de mois martyr dans cette ville. »

Casanova tente une nouvelle fois sa chance comme jeune abbé, à Rome. Il s'est fait raser, habiller à la romaine. Un cardinal, parfaitement mondain et libertin, lui offre le gîte et le couvert, lui fait faire du secrétariat et lui ordonne d'apprendre le français. Le jeune ambitieux est reçu par le pape, qui lui aurait donné personnellement l'autorisation de lire les livres défendus, il se fait inviter dans les salons de la ville. Une grande fortune lui semble promise. C'était compter sans les caprices du désir et les impulsions de la sympathie. Il se serait entremis pour ménager des rendez-vous à deux amants. Le prince de Ligne donne une version plus crue de la situation : « Il enlève, à Rome, la maîtresse d'un neveu du pape, et, près d'être assassiné, il se sauve. » La carrière romaine s'évanouit, le cardinal lui propose une recommandation pour n'importe où. L'étourdi demande l'autre bout du monde

Comme le narrateur d'un roman picaresque, Giacomo traverse les milieux les plus divers, sous des climats différents. Il fréquente les tavernes (ci-dessus), et s'approche du pouvoir, incarné ici par le grand vizir de l'Empire ottoman recevant l'ambassadeur de France à Constantinople, sur une toile de Francesco Casanova, commandée par la cour de France.

méditerranéen : le voici muni de lettres et d'un passeport pour Constantinople. Il est recommandé à Bonneval pacha, célèbre aventurier, converti à l'islam, toujours prêt aux interventions diplomatiques. L'exotisme diversifie les expériences, Casanova décline les propositions de suivre le modèle de Bonneval.

Le rouge et le noir

Entre Constantinople et Venise, Corfou est une étape obligée. Troupes et bateaux y protègent les intérêts vénitiens. On offre au voyageur de s'engager dans l'armée : « Il [le gouverneur maritime] me demanda d'abord si je voulais aller le servir en qualité d'adjudant, et je n'ai pas hésité un seul instant à lui répondre que je ne désirais pas un plus grand bonheur, et qu'il me trouverait toujours soumis, et prêt à ses ordres. » Le rouge et le noir : les deux couleurs sont déjà de mise pour Casanova comme un siècle plus tard pour le héros de Stendhal. L'Église se refuse, reste l'armée. La vie militaire à Corfou se confond avec la mondanité et les séductions amoureuses, rythmée par les trafics financiers et les maladies vénériennes. Mais l'avancement n'est pas aussi rapide que prévu. Casanova démissionne et rend son uniforme. Il a vingt et un ans. Il survit comme joueur de violon à Venise, à l'affût de quelque occasion. Elle survient sous la forme d'un riche patricien, Matteo Bragadin, sénateur en robe rouge, qu'il sauve d'une apoplexie en réfutant les avis des médecins et qu'il intéresse par ses prétendus savoirs magiques.

Ce portrait de Giacomo Casanova, de profil, à la sanguine, est dû à son frère Francesco, de deux ans son cadet. Élève de Guardi à Venise, de Mengs à Rome, de Charles Parrocel à Paris, il a été reçu à l'Académie de peinture de Paris où ses peintures de batailles ont été remarquées. Ce savoir-faire lui vaut les commandes du prince de Condé et de Catherine II de Russie, soucieuse de célébrer ses victoires sur les Turcs.

Fils de famille

Masques à Venise, masques à Versailles.

Le voici entretenu par Matteo Bragadin, célibataire, féru d'occultisme. Il est à la fois fils adoptif et parasite, amuseur et imposteur. Au fond de son palais, non loin du Rialto, dans l'entrelacs des ruelles et des canaux, Bragadin incarne cette aristocratie vénitienne, plus éprise de ses plaisirs personnels que des intérêts de la République. Casanova en profite ; il joue, séduit, saute de gondole en alcôve, prédit l'avenir et blasphème. Plusieurs fois, il doit s'éloigner pour éviter l'Inquisition locale, renseignée sur ses frasques.

Il finit par prendre le chemin de Paris et se fait recevoir franc-maçon : « Tout jeune homme qui voyage, qui veut connaître le grand monde, qui ne veut pas se trouver inférieur à un autre et exclu de la compagnie de ses égaux dans le temps où nous sommes, doit se faire initier dans ce qu'on appelle la maçonnerie, quand ce ne serait que pour savoir au moins superficiellement ce que c'est. » Il parfait son français auprès de Crébillon père, auteur dramatique, et se glisse jusqu'à la Cour. Par le raffinement culturel, Paris lui apparaît comme la capitale du siècle. L'absolutisme monarchique se déploie selon un rituel fastueux et trouve à s'exercer dans le libertinage du roi. Casanova s'approche de Mme de Pompadour, fréquente les ministres, fournit même à Louis XV une jeune maîtresse dont il aurait pu profiter personnellement, mais dont il a préféré faire cadeau au souverain.

De retour sur la lagune, il use de ses connaissances versaillaises et devient l'intime de l'abbé de Bernis, ambassadeur de France auprès de la République. Les deux hommes partagent leurs maîtresses et organisent quelques orgies dans les casins, appartements luxueux et discrets qui sont à Venise l'équivalent des petites maisons parisiennes. Quand on sait que les maîtresses sont l'une et l'autre religieuses, que les relations des Vénitiens avec les représentants des puissances étrangères sont étroitement surveillées par les espions, on comprend que de nouveaux griefs aggravent le cas de Giacomo Casanova aux yeux du pouvoir. En juillet 1755, il néglige les conseils de Bragadin et ne s'enfuit pas à temps. Il est arrêté et incarcéré dans la prison qui domine le palais des Doges.

L'absence de liberté pèse plus encore au prisonnier que la chaleur, les puces, le manque d'hygiène. Celui que ne retenait aucun interdit est soudain livré à l'impuissance et à la continence. Les seuls livres autorisés sont de pieuses niaiseries. Au bout de quinze mois, il parvient à monter sur le toit des Plombs et à s'enfuir d'une geôle qui semblait exclure toute évasion. Il lui reste à traverser la lagune et à gagner la frontière. Il est libre, mais désormais sa patrie lui est interdite.

Au *Ridotto* de Venise, seules les grandes familles patriciennes peuvent paraître à visage découvert. Les autres joueurs portent le déguisement du Carnaval. À la Cour de France, le mariage du dauphin Louis et de Marie-Thérèse, infante d'Espagne, donne lieu dans la grande galerie de Versailles à un bal masqué, durant la nuit du 25 au 26 février 1745. Le dauphin était en jardinier, la dauphine en bouquetière, le roi et plusieurs courtisans en ifs taillés (ci-dessous).

L'invité des cours européennes

Les deux épisodes de fils de famille à Venise et de courtisan à Versailles constituent le modèle que Casanova cherche à retrouver quelque part en Europe. Le plus souvent sur les routes, comptant sur son charme et son bagout, il doit séduire des princes ou de riches nobles pour être admis aux miettes du festin aristocratique. Comme tant d'aventuriers qui sillonnent les routes d'une Europe qui parle le français, il se targue de relations réelles ou fictives, de recommandations avouables ou non, de savoirs techniques ou magiques, saute sur toutes les bonnes aubaines sexuelles et économiques. Il peut rarement rester longtemps au même endroit, il doit vaincre les méfiances et les soupçons, fuir pour éviter l'expulsion ou l'arrestation. Aux puissants, il soumet des projets d'entreprises diverses, aussi coûteuses pour eux que rentables pour lui. Aux riches particuliers, il offre ses services de magicien, de gigolo et de maquereau. Il paie de sa personne, mais le petit personnel est à sa disposition pour des compensations en nature.

Il n'est jamais à court d'un projet. Il fait agréer au gouvernement français une loterie qui lui assure une fortune soudaine, puis une manufacture de toiles peintes qui engloutit non moins rapidement ladite fortune, enfin des plans diplomatiques et géopolitiques qui lui valent des missions secrètes. Il précède les envoyés officiels, mais il risque toujours d'être désavoué si le vent tourne. Quand la cour de France ne veut plus entendre parler de lui, il tente sa chance auprès des cours des petits princes allemands, ou à Londres, à Berlin, à Saint-Pétersbourg, à Varsovie, à Lisbonne, à Madrid.

Dans le récit de ses périples européens, Casanova se vante de ses relations avec Stanislas Auguste Poniatowski de Pologne, peint dans son costume de sacre, en 1761, ou avec Catherine II de Russie, représentée ici en 1779.

❝ Ce fut à Riga que j'ai vu pour la première fois cette grande princesse. Je fus témoin de l'affabilité et de la riante douceur avec laquelle elle reçut dans une grande salle les hommes de la noblesse livonienne, et des baisers sur la bouche qu'elle donna à toutes les nobles demoiselles qui l'approchèrent ❞ (X, V).

En France, il est parvenu à convaincre le financier Pâris-Duverney et le gouvernement d'instituer une loterie dite de l'École militaire, avant de devenir Loterie royale : chaque tirage permet à cinq numéros sur quatre-vingt-dix de gagner, les joueurs pouvant miser un numéro, deux, trois ou quatre. Casanova prétend convaincre Catherine II d'organiser le même établissement en Russie. Il invente même une loterie grammaticale où les nombres seraient

Casanova participe à la création de la loterie de l'École militaire, destinée à en financer la construction, et bientôt transformée en

Tirage de la Loterie Royale de France

remplacés par des syllabes, ce qui permettrait d'allier l'utile à l'agréable et l'apprentissage des langues au jeu. Mais il peut également parler aux souverains de projets techniques, de mines ou de la culture du mûrier pour les vers à soie, du commerce du tabac ou de la fabrication du savon. Il peut voir plus large encore et transformer des régions entières. Il dénonce la perte économique que représente une région laissée à l'abandon. L'Astrakhan pourrait être irrigué et peuplé, argumente-t-il auprès de Catherine II. De même veut-il convaincre le roi d'Espagne de mener une politique volontariste pour coloniser et développer la sierra Morena.

Loterie royale, l'État se réservant le monopole de ce type lucratif de jeu de hasard. Il envisage aussi une « loterie grammaticale », fondée sur le tirage de syllabes et non de numéros. Gagnent ceux qui constituent des mots. « Un singulier effet d'une pareille loterie sera celui d'apprendre à tous ceux qui se feront un plaisir d'y jouer à bien lire et à bien écrire. »

Il est difficile de savoir jusqu'où il croit lui-même à tous ses projets. L'époque est aux réformes et aux utopies, il a lu *La Cité du Soleil* de Campanella, l'*Utopie* de Thomas More, *La Nouvelle Atlantide* de Francis Bacon. Il pratique l'*Encyclopédie* de Diderot et d'Alembert. Il participe à toute cette rêverie de transformation du monde, propre à la Renaissance et aux Lumières.

L'imposteur

S'il ne parvient pas à devenir conseiller du prince, il lui suffit d'être accueilli par un riche particulier. Il l'a été par Bragadin à Venise, qu'il aurait guéri et qu'il conseille dans ses opérations magiques, il l'est par la marquise d'Urfé à Paris, à laquelle il promet l'immortalité en faisant passer son âme dans le corps d'un jeune enfant. La supercherie dure plusieurs années, elle aurait coûté un million de livres à la marquise, dont la famille accuse Casanova d'abus de faiblesse. Elle mobilise des comparses chargés de jouer les intermédiaires avec l'au-delà. Elle suppose une imagination romanesque dans l'invention de rituels et d'opérations magiques. Mais l'imposteur est souvent trompé par ses complices, qui s'arrogent plus que le salaire promis. Il se heurte à d'autres aventuriers, en particulier le comte de Saint-Germain, qui laisse planer le doute sur son origine et sur son âge. Il rencontre à Aix-en-Provence Joseph Balsamo, qui se fait connaître sous le nom de Cagliostro et qui

Pour voyager à travers l'Europe, il faut une bonne voiture et un passeport. Le 13 octobre 1758, l'ambassadeur des Provinces-Unies à Paris délivre un passeport à « Monsieur Casanova, Vénitien allant d'ici en Hollande » (page de droite, ce document et son portrait d'après Longhi). Quant à la voiture, c'est celle du prince de Ligne, princière par le nombre des chevaux, des domestiques et par les armoiries sur ses portes. Casanova, pour sa part, a rarement bénéficié d'un équipage aussi confortable.

manifeste des dons exceptionnels pour contrefaire les écritures et les tableaux. Casanova est confronté à des doubles, charlatans parfois plus doués que lui. N'est-il qu'un aventurier vieillissant ?

Au fur et à mesure que les années passent, la disponibilité physique du séducteur diminue. Les États où il est interdit de séjour se multiplient. Ses périples à travers l'Europe deviennent la fuite d'un traqué. Joueur maladif, se présentant comme le chevalier de Seingalt ou de San Gallo ou bien le comte Casanova de Farussi, il ne peut exhiber sa prétendue noblesse que par son faste et par son art de dépenser en grand seigneur un argent qu'il n'a pas. La moindre gratification obtenue doit être ainsi jetée par les fenêtres. Harcelé par les débiteurs, il ne cesse de revendre les cadeaux reçus ou de mettre des bijoux en gage. Il se laisse tenter par la tricherie au jeu et par les faux en écriture.

" Le seul système que j'eus, si c'en est un, fut celui de me laisser aller où le vent qui soufflait

me poussait. Que de vicissitudes dans cette indépendance de méthodes. **"**

Histoire de ma vie,
Préface

Les maladies sexuelles deviennent moins faciles à guérir. Toutes ces hantises se conjuguent durant un séjour à Londres, de l'été 1763 au printemps 1764. La Charpillon, une fille vénale, se refuse à lui et le tourne en dérision. Il attrape une syphilis sévère. Il n'a pas quarante ans, un état de grâce s'achève, tandis que la justice anglaise menace de le condamner à la pendaison pour de fausses lettres de change.

Le retour au pays

Ses séjours dans les autres capitales européennes et dans les principales villes d'Italie, qui sont autant de capitales des petits États qui se partagent alors la péninsule, ne sont pas tous aussi noirs. Il retrouve des amis, des protecteurs, des maîtresses, mais il semble se fatiguer de ses errances perpétuelles. Il rêve de revenir dans sa patrie. Il s'installe à Trieste, qui est un port de l'Empire autrichien. Il devient historien pour composer une *Histoire des troubles de la Pologne* et surtout pour réfuter l'*Histoire du gouvernement de Venise* d'Amelot de La Houssaye, qui avait déplu au gouvernement de la Sérénissime, plusieurs décennies plus tôt. Cette ambitieuse réfutation en trois volumes est le signe qu'il est prêt à mettre sa plume au service de Venise ; il transmet des informations, il est à la disposition de ceux qu'il a fuis dix-huit ans plus tôt. On le fait encore attendre, mais il est enfin autorisé à revenir dans sa cité natale en septembre 1774, à la condition de servir d'informateur à l'Inquisition.

Josef Karl Emanuel, comte de Waldstein (1755-1823, à gauche), a engagé en 1785 Casanova comme bibliothécaire à Dux. Dans un château voisin, séjourne un oncle par alliance, le prince de Ligne (1735-1814, ci-dessus), dépossédé de ses domaines des Pays-Bas autrichiens par les troupes françaises. Ligne (à droite, une caricature le représentant à une table de jeu) se prend de sympathie pour Casanova. Il raconte les dernières années de l'aventurier à Dux : « Il n'y avait pas de jour où, pour son café, son lait, son plat de macaroni qu'il exigeait, il n'eût une querelle dans la maison. Le cuisinier lui avait manqué sa polenta, l'écuyer lui avait donné un mauvais cocher pour venir me voir. »

Il n'est plus le jeune dissipé de l'époque de
Bragadin. Il essaie de vivre de sa plume et
de se faire reconnaître comme homme de
lettres. N'a-t-il pas été admis à l'académie
romaine des Arcades où il a présenté une
communication sur un passage d'Horace ?
Il lance des périodiques, traduit en italien
l'*Iliade*, mais aussi des romans français, les
Lettres de Juliette Catesby de Mme Riccoboni
et *Le Siège de Calais* de Mme de Tencin.
Il veut fonder une troupe de théâtre. Une
altercation financière avec des patriciens
lui inspire un pamphlet qui déplaît en haut
lieu : le voici une nouvelle fois contraint
à l'exil et menacé par la misère. Il passe
par La Haye, Paris, Dresde, Berlin et Prague.
C'est à Vienne qu'il s'établit : il y devient
secrétaire de Sebastian Foscarini,
ambassadeur de Venise, fréquente Da
Ponte, le prince de Ligne et le neveu de ce dernier,
le comte de Waldstein, descendant du « grand »
Wallenstein. Lorsque Foscarini meurt, Casanova
accepte de devenir le bibliothécaire de Waldstein,
dans son château de Dux en pleine Bohême, dans
l'actuelle République tchèque.

Casanova publie
cette *Réfutation
de l'Histoire du
gouvernement
de Venise* en gage de
réconciliation avec
sa ville natale.

Bibliothécaire à Dux

De 1785 à 1798, il passe treize années dans ce bourg où la langue parlée est l'allemand, qu'il ignore, et où la vie mondaine ne renaît qu'avec les passages du maître des lieux. Il règne sur quarante mille volumes, mais ses susceptibilités et colères ne contribuent pas à le faire respecter du personnel. Il est persécuté par le régisseur, vieil officier qui lui refuse toute honorabilité. Il se console dans vingt et une lettres vengeresses adressées à son bourreau. L'écriture est son refuge. Il compose et publie l'*Icosameron*, un roman utopique qui se déroule au cœur de la Terre, dans une société sans différence de sexes. Il s'essaie au dialogue philosophique et au traité scientifique. Mais c'est dans la restitution de sa vie aventureuse et principalement de sa vie amoureuse qu'il trouve une forme ultime de bonheur. Il se souvient, recrée sa vie, la rêve pour lui-même et quelques rares amis.

Le château de Dux, en Bohême du Nord, aujourd'hui Duchcov en tchèque, accueille Casanova de 1785 à sa mort en 1798. Il y rédige ses mémoires, comme il l'indique dans le titre même. La vie y est parfois difficile. Ses relations y sont exécrables avec le majordome Feltkirchner et le courrier Widerholt, auxquels il reproche de lui manquer de respect et de ne savoir parler aucune autre langue que l'allemand. Ils auraient accroché son portrait dans les toilettes, « effronterie de corps de garde ».

Tandis que le vieil aventurier se replie sur un passé idéalisé, la société aristocratique entre en crise en France. La Bastille est prise et les privilèges abolis en 1789, la république est proclamée en 1792. Les raffinements qui faisaient de la mondanité française un modèle pour l'Europe disparaissent dans la tourmente. La langue des salons parisiens laisse place au jargon des sans-culottes et à l'idiome bureaucratique. L'*Histoire de ma vie* est aussi composée pour témoigner d'un bon vieux temps qui n'est plus. En 1797, l'armée française d'Italie, commandée par Bonaparte, prend prétexte de la mort d'un jeune capitaine sur un vaisseau français pour s'emparer de la République de Venise. Le dernier doge se démet spontanément du pouvoir. Trois mille hommes prennent possession de Venise sans avoir tiré un seul coup de feu. Les attributs du doge et le livre d'or de la noblesse sont brûlés.

La jeune République française a mis fin à la doyenne des républiques européennes. Pis, elle en fait l'objet d'un troc avec l'Autriche. Au sud, Venise devient autrichienne et, au nord, la France s'installe le long du Rhin. Les chevaux de la basilique Saint-Marc, les manuscrits et les plus belles toiles de Venise partent pour Paris. Quelques mois plus tard, Casanova meurt à Dux. Une certaine Europe disparaît avec lui.

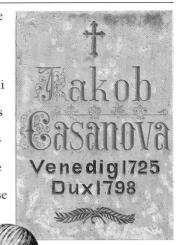

Jakob Casanova
Venedig 1725
Dux 1798

Casanova a été enterré dans le cimetière de l'église Santa-Barbara de Dux, où l'on peut lire cette inscription en allemand.

Giacomo, saisi par un caricaturiste anonyme dans son élégance traditionnelle, en grande perruque, jabot, culotte et bas blancs, une canne à la main et dans une de ses activités favorites. La carte qu'il tient dans l'autre main semble un as de cœur : elle emblématise l'aventurier, joueur et séducteur. Son ultime carte est la rédaction de ses souvenirs amoureux.

Casanova est toujours resté un bateleur. Homme d'Église ou bien homme du monde, il met en scène sa prestance, son bagout, sa séduction. Il suit à travers l'Europe des troupes de comédiens italiens qui imposent sur les scènes un style vivant, à demi improvisé, un goût de la musique et du geste. Il écrit pour la scène, joue et fait jouer, aime les comédiennes et se passionne pour le travestissement. Il rencontre Lorenzo Da Ponte, le librettiste de Mozart, et participe à la rédaction de *Don Giovanni*.

CHAPITRE 2
THÉÂTRES

Dans sa vie, Casanova veut rire. Le théâtre lui en offre l'occasion, qui nous renvoie une image bouffonne de l'existence. Mais entre comédie et merveilleux, quel souvenir garde-t'il de sa mère, l'actrice Zanetta ? (ci-contre, son portrait présumé).

Paris au XVIIIᵉ siècle compte trois salles de
théâtre officielles fixes, Venise en possède
sept. Riches et pauvres, lettrés et illettrés
peuvent s'y côtoyer. Les plus riches ont leur
loge réservée dans chacune des sept salles.
Les spectacles rythment la vie de la cité.
La *commedia dell'arte* y est reine, comédie à
canevas qui laisse aux comédiens une marge
d'improvisation verbale et de gesticulation.
L'intrigue ne prétend pas à l'originalité. Une
histoire d'amour sert de point de départ à

une série de travestissements, enlèvements
et quiproquos, eux-mêmes prétextes à pantomimes et
cabrioles. « Cela remue, saute, cabriole, fait feu des
quatre fers, crépite, chatoie, étincelle, s'allume, s'éteint
et passe », résume Philippe Monnier. Cette tradition
se renouvelle, à travers la querelle entre Goldoni et
Gozzi. Carlo Goldoni, né à Venise en 1707 dans une
famille aisée, est l'homme de son siècle. Il abandonne
son cabinet d'avocat pour composer des scènes de
la vie vénitienne où les caractères individualisés
prennent la place des masques, les décors se
diversifient et se précisent. Il écrit vite, au rythme de
la vie qui passe. Né à Venise en 1720, dans une vieille
famille ruinée, Carlo Gozzi est, lui, l'homme de
la nostalgie. Il récuse les illusions à la mode, il leur
préfère la fantaisie et les chimères de la fable. Goldoni
et Gozzi, c'est la lutte de la réalité et de la fiction.

Le théâtre dans le sang

Fils de comédiens, à une époque où le théâtre
et la prostitution mêlent leurs réseaux, Giacomo
Casanova est peut-être le fils adultérin d'un
patricien, Michele Grimani. C'est en tout cas
le frère de ce dernier, l'abbé Grimani, qui lui sert
de tuteur. Francesco Casanova, son jeune frère, serait
pareillement le fils du prince de Galles, de passage
à Venise, avant de devenir George II d'Angleterre.
Leur mère, Zanetta, fait une carrière européenne,
triomphant à Londres, à Saint-Pétersbourg et à Dresde.
    Giacomo « a le théâtre dans le sang et le monde sera
la scène de sa pièce » (J. Rives Childs). Il reste, sa vie
durant, un bateleur. Il est plutôt du côté de Gozzi et

Dans la *commedia
dell'arte*, Pantalon
représente un vieillard
vénitien, avare et
libidineux. Son nom
renvoie au lion de la
cité, symbole que l'on
retrouve aussi dans ce
spectacle de la rue
vénitienne, durant le
carnaval : à droite, dans
cette toile de Longhi,
un lion sur une estrade
observe de
petits
animaux
déguisés.

des fastes de la fiction que de Goldoni et de la vérité du détail. Jeune abbé ou bien grand seigneur, mage ou bien érudit, il met en scène sa prestance, son bagout, sa séduction. Il croit, un temps, faire une carrière ecclésiastique, briller du haut de la chaire, conçue comme une scène. Il y renonce pour tenter sa fortune

Le Théâtre San Samuele à Venise (page de gauche) appartient à la famille Grimani. Le père de Giacomo y a été acteur et Giacomo musicien.

à travers les salons et les cours où il doit jouer son rôle. L'habit ne fait pas tout à fait le moine, il faut y ajouter le ton, le geste juste, le comportement.

La conversation

La vie mondaine, telle que la conçoit Casanova, est d'abord une conversation, un échange parlé qui respecte un code. Elle suppose une culture et une connaissance du grand monde. Elle est émaillée de références classiques, qu'il s'agisse des auteurs latins ou des grands poètes italiens. Elle établit une communauté entre tous ceux qui savent s'exprimer et qui acceptent de laisser circuler la parole. Les individus, socialement inégaux, entrent alors en scène et deviennent acteurs de ce théâtre qu'est un entretien pour le seul plaisir de l'échange verbal. Chaque pays a ses règles et ses nuances. Dans la diligence qui le mène à Paris, Casanova prend sa première leçon de politesse française. Un voisin qui s'est institué son mentor lui explique : « Il faut oublier et abandonner la particule *non* que vous mettez en usage sans miséricorde à tort et à travers. *Non* n'est pas un mot français. Dites pardon, cela revient au même, et ne choque pas. »

Les plaisirs de la mondanité en France, tels que Casanova les a pratiqués au cours de ses allées et venues dans le grand monde (ci-dessous). Dans un cadre où le luxe est en train de devenir confort, on lit à haute voix un livre à la mode, on le commente, on rapporte les dernières anecdotes de la Cour et de la Ville, on fait la conversation. On est entre soi, on peut se permettre des libertés, loin des oreilles indiscrètes. Casanova prend pour modèle l'abbé Galiani, secrétaire d'ambassade du royaume de Naples à Paris : « Il avait supérieurement le talent de donner à tout ce qu'il débitait de plus sérieux une teinture comique, et toujours sans rire, parlant très bien français avec l'invincible accent napolitain, ce qui le faisait chérir dans toutes les compagnies » (V, IV).

Quand il arrive à Paris, il exploite ses liens avec la troupe du Théâtre italien. Il commence par fréquenter Silvia et Flaminia qui portent dans la vie leur nom de scène. « Les Français ne donnèrent jamais aux comédiens italiens autre nom en ville que celui par lequel ils les connurent sur le théâtre. "Bonjour monsieur Arlequin, bonjour monsieur Pantalon", on disait au Palais-Royal à ceux qui jouaient ces personnages. » Dans ses mémoires, le Vénitien fait un long éloge de Silvia sans laquelle, selon lui, les comédies de Marivaux ne seraient pas passées à la postérité. Elle incarne dans sa profession une supériorité souriante que Casanova aimerait atteindre parmi les aventuriers, ses confrères de misère et de panache.

L'entrepreneur comédien

Tout au long de son existence, il multiplie les projets de spectacle, tout à la fois divertissement et entreprise. De retour de Constantinople, il s'attarde à Corfou qui manque de spectacles. Quand le carnaval approche, il propose d'aller chercher une troupe de comédiens à Otrante, la ville d'Italie la plus proche. Il loue toutes les loges d'avance à l'élite locale, se réserve quelques représentations et brade le parterre à un commerçant juif. Le plus difficile est de gérer les susceptibilités des actrices et de se garder des complications amoureuses. Le théâtre, durant ces jours de fête, a partie liée avec le jeu d'argent et les aventures érotiques, comme autant de plaisirs fondés sur un code et sur l'échange, autant de parenthèses qui doublent la réalité quotidienne d'une fiction plus savoureuse. On s'imagine puissant, riche, aimé. Dans chacun de ces rôles, il s'agit de trouver un équilibre entre le canevas et l'improvisation, entre l'habileté et le hasard. L'ostentation narcissique doit savoir faire la part des autres acteurs.

Rosa Giovanna Balletti, dite Silvia (1701-1758), est une grande actrice de la Comédie italienne qui a séduit tout Paris, et pour laquelle Marivaux a écrit de grands rôles. Elle accueille Casanova quand celui-ci arrive à Paris : « Je ne pouvais profiter d'une occasion plus belle pour connaître toute la cour de Louis XV et tous les ministres étrangers » (III, IX). Casanova fut longtemps fiancé à sa fille Manon, que Silvia avait élevée « en lui donnant tout ce qu'une tendre mère, et pleine d'esprit, peut donner à sa fille, et tout ce qui a du rapport aux talents, aux grâces, à la sagesse et au savoir-vivre » (V, I).

Quand Giacomo arrive à Soleure, en Suisse, à la suite d'une femme dont il s'est épris, il fréquente l'ambassadeur de France, qui organise des représentations théâtrales pour amateurs distingués. On monte la comédie que Voltaire vient de composer, *L'Écossaise*. Casanova se fait donner le rôle de l'amant, la femme aimée joue celui de l'héroïne. L'ambassadeur s'adjuge celui qu'avait tenu Voltaire lors de représentations à Ferney. « Notre première représentation eut pour spectateurs tous les gens comme il faut de la ville. » L'amoureux ne prend pas ses distances par rapport à l'intrigue : « Mon sang se glaça lorsqu'à la troisième scène du cinquième acte, Lindane me dit : Quoi ? Vous ! Vous osez m'aimer ? Elle prononça ces cinq mots si singulièrement, d'un ton de mépris si marqué, sortant même de l'esprit de son rôle, que tous les spectateurs applaudirent à outrance. » L'aventurier se sent atteint par un tel succès, il a à cœur de répondre « Oui, je vous adore, et je le dois », d'un ton si pathétique que les applaudissements redoublent et que la réplique est bissée. C'est un anti-*Paradoxe sur le comédien*, quelques années avant que Diderot rédige son traité.

Quelques années plus tard, Casanova débarque à Augsbourg, en Bavière. Il y retrouve un ancien camarade de collège, devenu directeur d'une troupe nécessiteuse. La vie quotidienne de cette troupe semble sortie du *Roman comique* de Scarron. Les « guenilles de tous les jours » ne sont pas plus brillantes que les guenilles de théâtre. Quand ils en ont l'occasion, les comédiens

Voltaire est homme de théâtre, à la fois auteur – *L'Écossaise ou le Café* est une comédie tournée contre le critique Fréron, créée en 1760 – et « entrepreneur » de spectacles pour amateurs, ou même acteur. Cette peinture provient d'une série de Jean Huber illustrant divers moments de la journée à Ferney : ici le Patriarche dans une scène de théâtre chez lui, vers 1774.

Le Messager de Thalie sert de publicité et de livret pour les représentations organisées par Casanova à Venise en 1780.

mangent à pleines mains, sans couvert, et boivent dans le même broc. Casanova se plaît à les nourrir et paie plusieurs représentations, en faisant des expériences de tarifs. Un soir, il ouvre gratuitement le « paradis » ou poulailler. Il assure une chaude ambiance au spectacle, mais ne remplit pas pour autant le parterre et les loges.

Critique et dramaturge

De retour à Venise en 1780, il y fait venir une troupe de comédiens français et lance un petit périodique bilingue, *Le Messager de Thalie*, destiné à soutenir l'entreprise, qui durera une saison. Une pièce différente est jouée chaque soir. Les tragédies de Voltaire (orthographié Volterre) alternent avec des comédies de Molière, de Lesage, de Marivaux ou de Beaumarchais, et des drames de Diderot. Casanova a conscience que certains spectateurs suivent mal le spectacle en français.

La vie quotidienne d'une troupe de comédiens ambulants est faite de moments de grandeur – par les pièces et les rôles qu'ils interprètent – et de

)(I)(

LE MESSAGER
DE THALIE.

Num. IV.

misère. On les voit ici se préparant dans une grange, dans une gravure de William Hogarth. Les décors laissent imaginer des spectacles héroïques qui contrastent avec les nécessités du quotidien.

Il remarque un gondolier qui pleure à contretemps. Le onzième et dernier numéro, devenu *Talia*, fournit en italien le résumé des pièces jouées. Le séducteur qui aime à s'imposer par le verbe à un auditoire de salon est intéressé par ce public plus large et anonyme qui se rassemble dans une salle de spectacles. Au bout de quelques mois, Casanova doit renoncer. Comme l'aventurier sur les routes d'Europe, l'entrepreneur de spectacles est à court d'argent.

Entrepreneur, donc, metteur en scène, acteur, Casanova est aussi auteur pour le théâtre. En 1791, les châtelains de Dux fréquentent en voisins le château de Toeplitz où la fille du prince de Ligne a établi un théâtre privé. Le bibliothécaire de Dux compose pour cette scène d'amateurs *Le Polémoscope, ou la Calomnie démasquée par la présence d'esprit*, tragi-comédie en trois actes. La pièce se passe à Crémone. Elle tire son titre d'une lorgnette de théâtre qui permet de regarder un autre objet que celui vers lequel elle paraît dirigée. L'intrigue tourne autour de l'indélicatesse d'un officier qui prétend avoir séduit la belle comtesse, passionnément aimée par un de ses camarades du régiment. Ledit régiment est commandé par le maréchal de Richelieu, modèle de tous les libertins du temps. Mais il incarne ici les bienséances, qui s'imposent avec la mort de l'officier indigne et le triomphe de l'amant. En pleine Révolution, les châteaux d'Europe centrale perpétuent les rituels de la mondanité aristocratique.

Venise comprend quatre hôpitaux où l'on recueille les orphelines pour leur apprendre le chant (ci-dessus, la chorale des jeunes filles de l'hôpital). Ils sont ouverts aux mélomanes et protecteurs qui viennent écouter et admirer les jeunes choristes. « Il y a musique dans chacun d'eux tous les samedis et dimanches soir, ainsi que les jours de grandes fêtes. J'allai à celui de la Pietà le lendemain de mon arrivée », raconte le voyageur anglais Charles Burney dans son *Voyage musical dans l'Europe des Lumières*.

L'opéra, Casanova, Mozart, Da Ponte

L'opéra ne se distingue pas alors du théâtre. L'Italie est à l'origine de ce type de spectacle et, pour la plupart des Européens du XVIIIe siècle, un opéra ne se chante qu'en italien. Venise est alors avec Naples « le plus grand séminaire européen de musique vocale » (Ph. Monnier). Elle rassemble le plus grand nombre de compositeurs et de virtuoses.

Les chansons courent les canaux et les ruelles, les offices religieux sont en même temps des concerts, et les représentations d'opéras sont devenues une autre religion de la cité. Quatre « hôpitaux » recueillent des orphelines que l'on forme pour le chant. Les riches Vénitiens et les touristes qui se pressent aux offices ne cherchent pas à distinguer la sensualité musicale et le plaisir érotique, le goût des belles voix et celui des formes appétissantes. Antonio Vivaldi, à la prodigieuse facilité de composition, a été attaché comme professeur à l'un de ces hôpitaux.

Casanova est lié à l'un des chefs-d'œuvre de la musique de son temps, le *Don Giovanni* de Mozart. Mais on ne peut savoir s'il a réellement rencontré Mozart.

Ces silhouettes découpées laissent apercevoir Casanova avec l'imposante Marie-Christine von Clary und Aldringen (1755-1821), dont le frère Johann a épousé Marie-Léopoldine de Ligne. La famille séjourne régulièrement dans son château de Toeplitz (aujourd'hui Teplice), non loin de Dux. Jusqu'à sa mort, Casanova reçoit des lettres d'admiratrices : « Dirigez mes occupations, charmez mes ennuis et soyez mon *pastor fido* », lui écrit Henriette de Schuckmann en avril 1796. Et deux ans plus tard, Élise de La Roche : « Eh bien mon ami, ne croyez-vous pas au parentage des âmes ? J'ai la fierté de me croire votre proche parente. »

Saengerin Bondini als Zerline.

Catarina Micelli als Donna Elvira

Le Débauché puni ou Don Giovanni est écrit par Lorenzo Da Ponte pour Mozart. Mais parmi les manuscrits laissés à sa mort par Casanova se trouve un air de Leporello, variante du texte connu (page de droite), ce qui laisse penser à une collaboration entre le bibliothécaire de Dux, le librettiste et le musicien. La première représentation eut lieu en 1787 à l'Opéra de Prague. Les chanteurs de la création sont ici représentés en silhouette : Caterina Bondini en Zerline, Caterina Micelli en Donna Elvira, Luigi Bassi en Leporello, Teresa Saporiti en Donna Anna.

Seuls sont avérés ses liens avec Lorenzo Da Ponte, le librettiste de *Don Giovanni*, des *Noces de Figaro* et de *Cosi fan tutte*. Une génération sépare les deux Vénitiens, mais les rapproche une même disponibilité inquiète face aux sollicités de l'existence.

L'histoire s'arrêterait là, si l'on n'avait retrouvé dans les papiers de Casanova au château de Dux deux feuilles comportant des variantes de la scène X de l'acte II où Leporello, qui vient d'être démasqué sous les habits de son maître, implore la pitié de Don Ottavio et prend la fuite. La tentation est forte d'imaginer le vieil aventurier donnant quelques conseils au librettiste et au musicien pour parfaire les silhouettes complémentaires de Don Giovanni et de Leporello. Sur scène, Casanova se dédoublerait en irrésistible séducteur et en valet couard. Le premier séduit, le second dresse la liste des conquêtes. Casanova a composé, lui seul, ses mémoires, mais il a passé sa vie à courber l'échine devant les puissants, à la recherche permanente d'un protecteur. Da Ponte s'est inspiré de ses aventures quand il a donné vie à ce fantasme du grand seigneur qui se place au-dessus des lois humaines et divines. Dans cette Europe où l'Ancien Régime féodal craque de toutes parts, Don Giovanni incarne une morgue aristocratique bientôt condamnée. Bâtard d'un patricien vénitien,

IL
DISSOLUTO
PUNITO.
O SIA
IL D. GIOVANNI.
DRAMMA GIOCOSO
IN DUE ATTI.
DA RAPPRESENTARSI
NEL TEATRO DI PRAGA
PER L'ARRIVO DI SUA ALTEZZA REALE
MARIA TERESA
ARCIDUCHESSA D'AUSTRIA : SPOSA DEL
SER. PRINCIPE ANTONIO DI SASSONIA
L'ANNO 1787.

IN VIENNA.

Saenger L. Basso als Leporello

Saengerin Saporiti als Donna Anna.

Casanova en a poursuivi le rêve, de cour en cour, prenant sa jeunesse et son culot pour un privilège, et transformant finalement un impossible prestige aristocratique en un incontestable pouvoir littéraire.

Le théâtre et l'opéra sont des arts du masque, ils suggèrent une morale du jeu. Casanova endosse des identités et des rôles. Il imagine sa vie comme les Vénitiens se déguisent pour le carnaval, comme les lecteurs du temps s'identifient aux héros de l'Arioste et du Tasse, aux personnages de Métastase et de Da Ponte, comme Canaletto et Guardi représentent, sous le nom de caprices, des architectures impossibles et des paysages de fantaisie. Le travesti et la gloire des castrats invitent à la confusion des genres. La beauté pathétique d'une voix et d'un corps de femme trouve, sur les scènes italiennes du temps, une incarnation paradoxale dans ces castrats qui choquent les voyageurs français, mais qui enthousiasment le public européen et déchaînent les passions. Le plaisir prime sur les règles et les catégories. Le théâtre transforme la réalité pour aider à mieux la vivre.

Casanova a fréquenté Da Ponte, librettiste de Mozart pour trois opéras italiens, *Les Noces de Figaro*, *Cosi fan tutte* et *Don Giovanni*. Il n'en fallait pas plus pour imaginer des rencontres entre les trois hommes. Après avoir filmé plusieurs opéras, Carlos Saura met en scène en 2009 *Don Giovanni, naissance d'un opéra*. Il mêle l'histoire des trois héros et des passages de l'opéra, créé à Prague en 1787. L'aventurier vieillissant, joué par Tobias Moretti (ci-contre et page de gauche), se reconnaît dans Lorenzo Da Ponte, Vénitien en fuite et séducteur comme lui. L'aîné souffle à son cadet le thème de l'abuseur de Séville qui leur ressemblerait à l'un et à l'autre. Mozart, déjà malade, n'est pas tout de suite d'accord pour composer la partition, mais il se laisse convaincre. Casanova, Mozart et sans doute Da Ponte sont maçons. La liste, a-t-on remarqué, des abonnés aux concerts donnés par Mozart comporte bien des noms que l'on retrouve dans celle des souscripteurs à l'*Icosameron* de Casanova.

Comment devient-on un nom commun ? Dans le langage courant, un casanova est un séducteur. Séducteur, Casanova l'a été, et quand il a écrit l'histoire de sa vie, reclus à Dux, loin des joies de sa jeunesse, il a senti le besoin de raconter les aventures amoureuses de ses premières années sur un ton euphorique et triomphant. Chaque étape de ses déplacements en Europe devient l'occasion de rencontres sensuelles et d'expériences sexuelles, même lorsque la conquête d'une femme n'en est pas le but.

CHAPITRE 3

LIBERTINAGES

Que regardent les petites curieuses ? Pourquoi une femme du monde fixe-t-elle son domestique noir en donnant sa main à un tiers ? Le libertinage est une mise en scène des corps aimants, une circulation du désir.

Don Juan-Casanova ?

La comparaison avec Don Juan s'impose, et l'*Histoire de ma vie* du bien réel Casanova a pu apparaître comme l'équivalent de la liste du mythique abuseur de Séville. La Venise en commerce avec le Proche-Orient et contrôlée par son Inquisition vaut bien l'Andalousie ouverte au monde arabe et reprise en main par le catholicisme. Casanova a connu des Vénitiennes et des Romaines, des Parisiennes et des Suissesses, des Hollandaises et des Espagnoles, il a couché avec des comédiennes et des courtisanes, des ouvrières et des domestiques, des filles du ruisseau et de grandes dames, des marchandes et des bourgeoises, des jeunes filles et des veuves, des femmes mariées et des religieuses. On a pu faire des comptes.

Au premier acte du *Don Giovanni* de Mozart, Donna Elvira arrache à Don Giovanni la paysanne Zerlina pour la ramener à son fiancé Masetto (ci-dessus la scène par Fragonard fils, Alexandre Évariste, 1780-1850). Le noble espagnol impose ses désirs par la violence et choisit la confrontation directe avec l'autorité. Casanova préfère des séductions en douceur et des accommodements avec le pouvoir.

On a aussi présenté Casanova comme l'anti-Don Juan. Une liste suppose de réduire les personnes à des chiffres, elle est l'affirmation d'une volonté et d'une conscience de soi, reflétée par l'admiration haineuse d'un domestique, Catalinón chez Tirso de Molina, Sganarelle chez Molière ou Leporello chez Mozart, chargé des additions. Don Juan s'impose face aux autorités, il établit son pouvoir sur ses conquêtes. Casanova se présente au contraire comme un être de chair et de plaisir. Chaque corps étreint lui paraît le plus désirable, lui assure un plaisir à nul autre pareil. Chaque femme dont il tombe amoureux est digne qu'on lui consacre sa vie. Il est persuadé, le temps d'une nuit, d'une semaine ou d'un mois, qu'il va l'épouser, quitte à chercher ensuite le brave garçon qui va devoir occuper cette fonction de mari à sa place. Don Juan conquiert, Casanova est conquis. Don Juan s'installe dans la durée, Casanova vit dans la profondeur du présent.

Il quitte sans doute les femmes séduites mais comme par un malencontreux hasard : « J'ai aimé les femmes à la folie, mais je leur ai toujours préféré ma liberté. Lorsque je me suis trouvé dans le danger de la sacrifier, je ne me suis sauvé que par hasard. »

Le goût de Casanova pour la vie lui fait accepter les échecs. Le défilé des femmes séduites est encadré par celles qui ont su se dérober. Le garçon qui fait ses études à Padoue s'éprend de la sœur de son précepteur et logeur. Il n'a que douze ans, Bettine en a un de plus, et lorsque Giacomo l'attend toute une nuit d'hiver, elle a reçu dans sa chambre un de ses camarades qui, lui, en a trois de plus. « Trompé, humilié, maltraité », Giacomo rumine des scénarios de vengeance. Bettine y échappe en jouant les convulsions et la possession diabolique. La famille affolée appelle un exorciseur. Giacomo apprend les ressources du mensonge et des préjugés.

Dans un décor bourgeois peint par Pietro Longhi, qui donne à voir la vie des Vénitiens, une jeune femme tend l'oreille aux propos galants d'un séducteur, tandis que la mère et la jeune sœur sont plongées dans des lectures que l'on imagine pieuses. Casanova, lui, est capable d'exhiber son sexe devant une jeune fille, dans un coin de salon, non loin de la tante qui joue aux cartes avec des amis, et de jouir d'un tel cynisme : « Voyez sur ce mouchoir le sûr indice de mon plaisir » (V, III).

me souvien qu... consanti, de n... plaisir de ve... nous. aujour... Du mois, je v... si votre nou... vous a quitter, ce... plaisir, adieu annatendan 1 lhonneur De vous voir, mariane decharpillion

Vingt-cinq ans plus tard, celui qui était trop jeune ne l'est peut-être plus assez. À Londres, il se prend de passion pour une courtisane qui s'est fait appeler, selon les lieux et ses prétentions, Mlle Auspurgher ou Ansperg, Mlle de Boulainvilliers et la Charpillon. C'était « une beauté à laquelle il était difficile de trouver un défaut ». Casanova dépense des fortunes pour la conquérir, elle se défile, lui échappe et prend bientôt plaisir à le faire souffrir. Une de ses mises en scène cruelles consiste à l'inviter dans son lit, après avoir enfilé une camisole qui la rend intouchable. Pour Casanova, qui n'a pas quarante ans, cet échec signifie le début de la fin : « Mes jambes tremblantes me reconduisirent chez moi, déterminé à me tuer de la mort que je croyais la plus sûre. » Il met ses affaires en règle et, muni de balles de plomb, part se noyer dans la Tamise. Il rencontre en chemin un joyeux libertin de ses connaissances qui le détourne de son projet. La seule vengeance qu'il tirera de

Née vers 1746, Marie-Anne Geneviève Auspurgher, dite la Charpillon, est courtisane comme sa mère, d'origine suisse allemande. Elle exerça ses talents à Paris puis à Londres, où elle eut les amants les plus huppés. Durant l'hiver 1763-1764, elle déploie un art consommé pour se refuser à Casanova et le désespérer. Elle sait écrire, mais son orthographe reste phonétique. On peut lire à la fin de sa lettre à Casanova : « adieu en attendant l'honneur de vous voir », et elle signe noblement Marianne de Charpillon.

la fille est de faire circuler dans Londres un perroquet auquel il a appris à répéter : « Miss Charpillon est plus putain que sa mère. »

Jeux à trois

Une configuration qui revient dans les mémoires est la séduction conjointe de deux sœurs ou de deux amies comme pour casser le modèle du couple. Don Juan prenait un malin plaisir à séduire en parallèle deux jeunes paysannes. C'était pour lui un exercice de virtuosité. Il trompait et mentait. Casanova n'ignore pas les ressources de la jalousie, mais le redoublement des figures féminines constitue plutôt pour lui un entraînement sensuel et un raffinement voluptueux. Pour parvenir dans le lit d'une jeune fille, le Vénitien s'attache à deux de ses camarades, deux sœurs orphelines, Nanette et Marton, de quinze et seize ans. « Marton dit à Nanette qu'il était impossible, ayant beaucoup d'esprit, que j'ignorasse ce que deux filles bonnes amies faisaient quand elles couchaient ensemble. »

L'évocation des relations entre femmes conduit aux relations entre hommes et femmes, et les sœurs s'entraînent l'une l'autre à céder à Casanova. Le principe de l'Amour unique est relativisé et chaque étreinte devient à sa manière unique.

Le couple féminin qui prime dans ses souvenirs est celui des deux religieuses de Murano. Il rencontre par hasard une jeune fille de famille dans le besoin qu'un frère indélicat est prêt à jeter dans ses bras. Épris, il est décidé à l'épouser, mais le père refuse et enferme la jeune fille dans

L'époque se plaît à observer l'amour naissant chez les adolescents (ci-dessous, *Le Baiser volé*, de Fragonard). Le garçon, qui a gagné un gage, s'empresse de dérober un baiser à sa voisine, sous l'œil intéressé de l'amie de celle-ci. Ce type de trio correspond aux situations amoureuses qu'affectionne Casanova : le tiers féminin est promesse d'autres baisers et assurance que le désir garde une forme de légèreté.

un couvent. Il la nomme par discrétion C.C. Les amants ne peuvent plus que s'écrire. Intervient alors une autre religieuse qui prend des initiatives et dispose d'une certaine liberté pour sortir du couvent. Il la nomme pour le parallèle M.M. Elle est la maîtresse de l'abbé de Bernis, ambassadeur de France, et est devenue l'amie intime de C.C. Les ébats entre les deux religieuses préparent la liaison attendue entre Casanova et M.M. Mais Bernis est également le confident de sa maîtresse et le discret spectateur de ses nuits grâce au dispositif de voyeur de sa luxueuse garçonnière qui serait à Paris une petite maison et qui est à Venise un casin ou *casino*. Se succèdent les soirées à deux, à trois ou à quatre, qui ne peuvent être comprises que replacées dans la liberté de mœurs qui règne alors à Venise, capitale de ce que l'on nommerait aujourd'hui le tourisme sexuel.

Raffinements

Dans l'aventure de Murano, la multiplicité des complices approfondit les étreintes, dans une tension permanente entre la présence et l'absence, la réalité physique et l'imaginaire, la liberté et l'interdit. L'amour s'y nourrit de luxe, de littérature et d'art. L'abbé de Bernis met à la disposition de ses amis un décor somptueux qui réunit tous les raffinements de l'artisanat moderne. Les corps sont enveloppés de costumes mondains et religieux qui sont autant de chatoiements d'étoffes et de couleurs. La nudité est mise en valeur par la beauté des vêtements.

Les amants sont des lecteurs de textes philosophiques aussi bien qu'érotiques. Les uns théorisent la liberté d'aimer et de s'affranchir de la tutelle du préjugé. Les autres mettent les subtilités du langage au

Jouissant de l'appui de Mme de Pompadour, l'abbé de Bernis (ci-dessus à gauche) est ambassadeur de France à Venise et protecteur de Casanova. Tous deux sont familiers des parloirs de certains couvents vénitiens, tel celui de San Zaccaria (ci-dessus), qui permettent aux religieuses cloîtrées de continuer à participer aux activités de la cité. Les enfants et les chiens animent la scène. Des bateleurs viennent présenter leurs figurines (à droite) et jouer de la musique pour gagner quelques sous.

service du plaisir. Les sonnets de l'Arétin sont accompagnés de gravures d'après des grands maîtres du dessin, Giulio Romano puis Annibal Carrache. Les postures amoureuses n'ont rien de secrets salaces, elles ont une dignité littéraire et artistique, elles résument une culture du plaisir. Casanova les consulte pour varier et mettre en scène ses nuits d'amour. La subtilité de ces rencontres se matérialise dans les portraits en miniature qu'il fait faire de ses deux maîtresses. Des tabatières sont ornées de leur représentation en religieuses, un ressort secret les dévoile nues, dans la position de la Madeleine du Corrège. La transgression pimente le désir, l'opposition entre l'austérité religieuse et la nudité païenne dynamise le plaisir. Plus tard, il croira retrouver M.M. dans une religieuse de Chambéry. Ce n'est pas elle, mais son souvenir donne une intensité particulière à la nouvelle aventure.

En s'ouvrant, une boîte de nacre révèle une scène érotique. Est-ce un jaloux en train de clore une ceinture de chasteté ? Et la boîte contenait-elle des pastilles aphrodisiaques ?

Doubles vies

Les deux religieuses de Murano sont comme deux sœurs, la cadette est la première rencontrée par Casanova mais l'aînée est plus aguerrie. Le redoublement peut aussi fonctionner sur le mode d'une opposition plus nette. Le libertin mène de front deux aventures pour le plaisir du contraste. C'est ainsi qu'il vit ses allers et retours entre Paris et Amsterdam, où le gouvernement de Louis XV l'envoie négocier des prêts.

À Paris, Manon Balletti est la fille d'une grande actrice du Théâtre italien. Pour le Vénitien, qui croit alors s'être définitivement installé à Paris, elle incarne la fidélité à sa patrie. Il est devant elle presque lui-même.

À Amsterdam, Esther est la fille d'un riche commerçant. Il fait affaire avec son père et se pose en mage, détenteur de secrets redoutables. Elle serait prête également à l'épouser, mais jusqu'où peut-il lui avouer qui il est et se démasquer ? L'une et l'autre sont belles et désirables, elles constituent de bons partis, mais l'hésitation aussi est délicieuse, entre la fille des Italiens de Paris et la riche héritière des Provinces-Unies. Le double jeu devient duplicité. À trop attendre, Manon renonce et décide d'épouser Jacques François Blondel, le grand architecte. Elle reste dans ce milieu du théâtre et de l'art auquel appartiennent Casanova et ses frères.

Travestis

Les figures féminines qui mobilisent le plus intensément et le plus continûment la rêverie amoureuse de Casanova portent en elles une contradiction et un dynamisme. Dans la ville d'Ancône (dont le nom suscitait des jeux de mots dans la littérature érotique du temps), on lui

Marie-Madeleine, dite Manon, Balletti (1740-1776), la fille de Silvia, est fiancée pendant des années à Casanova, qu'elle aide financièrement lors de ses moments difficiles. « Ce fut au souper chez Silvia que mon âme nagea dans la volupté. On me fêta comme si j'avais été l'enfant de la maison, et à mon tour j'ai convaincu toute la famille que je voulais être considéré comme tel » (V, VIII). Elle finit par se lasser et par épouser l'architecte Jacques François Blondel.

annonce une actrice, il voit apparaître « un de ces garçons, joli à ravir, qui ne pouvait avoir que seize à dix-sept ans ». C'est Bellino, castrat qui joue les rôles de première actrice. N'est-ce pas plutôt une fille ? Casanova s'en tient à cette hypothèse pour lui faire une cour assidue, il accepte finalement que ce puisse être un garçon, couche avec lui et découvre alors que c'est bien une fille, Thérèse. Cette longue attente, inquiétante et excitante, donne une force particulière à cette liaison. Casanova prévoit leur mariage, lorsque la perte malencontreuse de son passeport les sépare. Il continue à songer à la rejoindre dans les villes où elle chante. Il la retrouve plus tard, toujours avec le même plaisir. Comme Manon Balletti, Thérèse/Bellino représente la fidélité du fils de comédiens à ses origines.

L'autre grande passion concerne une femme d'un tout autre monde. Le décalage entre les amants est à la fois sexuel et social. À Césène, près de la principauté de Saint-Marin, Casanova vient en aide à deux officiers dont le plus âgé ne parle ni le français ni l'italien, et dont le plus jeune se révèle une Française, d'une « beauté surprenante ». L'indépendance de ton de cette dernière et la détermination qui la fait voyager sous ce déguisement n'ont d'égal que sa discrétion, son refus d'expliquer les raisons de son séjour en Italie. L'aventurière travestie se change ainsi en une fille de famille qui vit un roman mystérieux. La fausse aventurière et le véritable aventurier deviennent amants, sans illusions sur l'avenir qui doit bientôt les séparer. Ils vivent dans la pure joie du présent. Casanova respecte le secret de celle qu'il nomme par discrétion Henriette. Après la fin de leur liaison,

Le théâtre multiplie alors les rôles de castrats et de travestis. Casanova aime l'hésitation qu'ils suscitent. « Son habit d'homme n'empêchait pas qu'on vît le relief de sa gorge, ce qui fit que, malgré l'annonce, je me suis mis dans la tête que ce devait être une fille. Dans cette certitude, je n'ai point du tout résisté aux désirs qu'il m'inspira » (II, I). Le travesti revient habillé en fille : « Je n'ai jamais pu détacher mes yeux de cet être que ma nature vicieuse me forçait à aimer et à croire du sexe dont j'avais besoin qu'il fût » (II, I).

le souvenir de la jeune femme sera trois fois vivifié. Une première fois, Casanova trouve un signe d'elle sur une vitre d'hôtellerie, une inscription à la pointe d'un diamant : « Tu oublieras aussi Henriette. » Plusieurs années plus tard, un accident de voiture le fait s'arrêter une nuit dans un château en Provence. Sa compagne du moment passe cette nuit avec la maîtresse des lieux. Une lettre le lendemain lui en donne le nom. Les amours anciennes sont revécues par procuration. Casanova est le voyeur en imagination de la scène lesbienne. Une troisième fois enfin, malade, il passe par ce même château dont la châtelaine, dit-on, est absente. Il est soigné par une garde-malade qu'une lettre, plus tard, lui révèle avoir été Henriette elle-même.

Amours tarifées

Tel est du moins le roman d'amour, reconstruit, peut-être réinventé, que raconte l'*Histoire de ma vie*. Il marque un moment fort des mémoires dans l'alternance entre passion et passades, rencontres singulières et petite monnaie du quotidien.

Cette dame au voile, jouant avec son éventail, semble l'emblème d'une mondanité qui ne cesse à la fois de s'exhiber et de se dérober. Le carnaval de Venise tout comme le bal masqué de l'Opéra à Paris

Au plus haut de la réussite sociale, Casanova gère une loterie à Paris et commandite une manufacture de tissus. Il ne résiste pas à tant d'ouvrières réunies pour parfaire des étoffes de luxe. La peau et le tissu le bouleversent par leur souplesse, leur couleur, leur texture. Un siècle avant le psychiatre Clérambault, il associe le trouble que suscite un corps et celui qui naît du froissement d'une étoffe, de la forme d'un drapé. Il se ruine pour les ouvrières, l'une après l'autre, sans épuiser le charme de cette facilité. « Mon caprice ne durait souvent que trois jours, et la nouvelle substituée me semblait toujours plus digne de moi que celle qui l'avait précédée. »

mettent en scène ces tremblements de l'identité. « N'étant pas masqué, je me suis vu attaqué par un domino noir femelle, qui dans son fausset me disant cent vérités, me mit en curiosité de savoir qui c'était » (V, VIII). Casanova la désigne par des initiales, *Miss XCV*, nouveau masque sous sa plume.

La manufacture devient un gynécée à sa disposition. Mais au-delà de cette installation qui dure ce que dure sa fortune, c'est tous les lieux où il passe qui paraissent destinés à lui fournir des corps désirables à posséder.

L'urgence du désir lui fait récuser toute hiérarchie. Il n'y aurait pas de classement qui fasse préférer par principe une pénétration à une masturbation, une possession génitale à un luxe de caresses. Les grandes aventures ont pour elles le temps et l'invention, le prolongement et les échos. Mais quand on le lit continûment, on s'aperçoit que Casanova fréquente de préférence les filles sans expérience et les professionnelles qu'il paie. Avec les femmes du monde, il risque de n'être qu'un gigolo. Quand il rencontre au Palais-Royal la duchesse de Chartres, « aimant le plaisir, et le préférant à l'espoir d'une longue vie », il reste prudent

À Paris, Casanova monte un atelier de tissus, qu'il transforme en sérail personnel. « Ce qui me plut beaucoup, et qui devait plutôt me faire trembler, fut le spectacle de vingt filles toutes âgées de dix-huit

et se contente de lui fournir les onguents qu'elle réclame. L'inscription d'Henriette sur une vitre est peut-être un ordre plus qu'une maxime mélancolique. Il obéit en évitant de la voir lors de leurs retrouvailles paradoxales. Il trompe les maris, mais l'idéal reste une entente complaisante ou un accord tarifé. Il se scandalise d'un frère qui est prêt à vendre sa sœur, d'un amant qui tire bénéfice de sa maîtresse, mais lui-même considère que sa noblesse est de savoir payer. Les plaisirs de la chair semblent toujours liés à un tarif. Il n'a pas un mot de reproche à l'encontre de son ami, le comte Tiretta de Trévise, dit comte Six-Coups, qui se vend

à vingt-cinq ans, toutes à l'air modeste, et plus que la moitié passablement jolies, attentives aux instructions du peintre dans leur nouveau travail » (V, X).

à des femmes mûres. Lui-même paie de sa personne avec la vieille Mme d'Urfé.

Quand il découvre les charmes d'une « jolie gueuse, et sale » qui est prête des complaisances pour quelques louis, mais évalue sa virginité à une petite fortune, il s'amuse avec elle et profite de sa « grande prodigalité en tout ce qu'[il pouvait] vouloir » et la fait peindre, couchée sur le ventre. C'est Mlle O'Murphy dont on ne connaît pas la miniature faite par un peintre allemand, mais dont la représentation par Boucher est célèbre. La miniature arrive entre les mains de Louis XV qui veut connaître l'original et qui la retient au Parc-aux-Cerfs trois ans durant. Casanova a-t-il joué les intermédiaires ? Il vit au milieu d'un trafic général de corps, où ses bouffées d'émotion amoureuse l'empêchent de se montrer le plus cynique.

Aventures hétérodoxes

Stefan Zweig, qui dans sa biographie de 1928 le présente comme l'*Homo eroticus*, véritable faune excité par toute femme, le prétend dégoûté par

Casanova fit connaissance dans les milieux de la prostitution de celle qu'il nomme O'Morfi, *Belle* en grec. Il en jouit « en [la] laissant intacte ». Grâce à son portrait qui est transmis à la Cour, la petite séduit le roi « plus encore par sa naïveté, dont le monarque n'avait pas d'idée, que par sa beauté, malgré qu'elle fût des plus régulières » (III, XI). Elle devient pensionnaire du Parc-aux-Cerfs, propriété discrètement isolée à Versailles, « où Sa Majesté tenait positivement son sérail ». Elle aurait eu un fils et, disgraciée au bout de trois ans, aurait alors été mariée à un officier breton.

les castrats et les gitons. Il est vrai que, sollicité au hasard de ses errances juvéniles, il se déclare hautement contre « ces maudits ennemis de tout le genre humain ». Il a soin de garder ses culottes quand il n'est pas certain d'avec qui il doit dormir : « Non seulement pour la garde de mon argent, mais par une précaution que je croyais nécessaire dans un pays où le goût antiphysique est commun. » Dans la bizarre Italie, l'intolérance dans cette matière « n'est ni déraisonnée comme en Angleterre, ni farouche comme en Espagne ». Autant dire que règne une certaine tolérance.

Stefan Zweig ne connaît l'*Histoire de ma vie* que dans sa version expurgée du XIXe siècle. Le texte réel des mémoires est moins simplificateur. Casanova est en réalité prêt à tous les plaisirs et ne refuse pas les aventures homosexuelles. Toute jouissance est bonne à saisir. Revenant au séminaire, il est bientôt surpris dans le lit d'un de ses camarades. Y a-t-il consommé « le plus ancien de tous les crimes » ? Il justifie en tout cas le « plaisir de désobéir » et le devoir de remédier au manque de femme. L'hésitation sur le sexe de Bellino le pousse à avouer que le désir ne doit pas s'arrêter à la frontière des genres. Le pas est franchi lors du voyage à Constantinople. Un de ses hôtes turcs lui fait des avances. Il refuse la première fois, mais la seconde est si bien préparée : luxe oriental, kiosque confortable, dîner de poisson, clair

Casanova aime les jeunes filles qui s'éveillent à l'amour et qu'il prétend initier. Telle est cette petite paysanne qu'il découvre dans une ferme : « Javotte n'était pas une beauté complète pour ce qui regardait son minois, car elle était hâlée, et elle avait la bouche trop grande ; mais ses dents étaient belles, et la lèvre de dessous sortait de façon qu'elle paraissait être faite ainsi pour cueillir le baiser. Elle était devenue intéressante quand lavant sa poitrine j'ai trouvé ses seins d'une résistance dont je n'avais pas d'idée » (II, XI).

de lune, trois femmes s'enlacent dans un bassin sous les yeux des deux dîneurs. « Je me suis trouvé, comme lui, réduit à me complaire dans l'objet que j'avais à mon côté pour éteindre le feu qu'allumaient les trois sirènes que nous contemplions. » Sous couvert d'exotisme, le voyageur ne boude pas son bonheur.

Les risques du métier

Telle nuit semble exceptionnelle au Vénitien entre les bras d'une femme pour la conquête de laquelle il a déployé des trésors d'ingéniosité. « Ses fureurs qui paraissaient surpasser les miennes élevaient mon âme au ciel, et je me tenais pour convaincu qu'entre toutes les conquêtes que j'avais faites celle-là était la première dont à juste titre je pouvais me glorifier. » Le lendemain, la vieille voisine se vante d'avoir remplacé la belle séduite. Casanova sait accepter que les plaisirs du corps ne se confondent pas avec les élans du cœur et que le désir ait des bizarreries que la raison doit accepter. De retour en Italie du Sud durant l'hiver 1761, au théâtre de Naples, il fait la connaissance de la belle Leonilda ; il s'en éprend, se prépare à l'épouser, quand la mère, arrivée pour l'occasion, révèle au fiancé que Leonilda est sa fille ! Casanova estime que « l'union d'un père avec sa fille » n'a rien d'horrible en nature, mais il se soumet au préjugé dominant. Quelques années plus tard, de passage à Salerne, il tombe sur la mère et la fille, devenue marquise. Le temps est magnifique, la végétation exubérante. Leonilda et Casanova se retrouvent seuls : « Déterminés à ne pas consommer le prétendu crime, nous le touchâmes de si près qu'un mouvement presque involontaire nous força à le consommer si complètement que nous n'aurions pu faire davantage si nous avions agi en conséquence

❝À mon apparition une charmante figure de femme se lève, couvrant vite son visage d'un voile épais qu'elle laisse tomber du haut de son front. […] J'ai pensé pousser à l'aventure, mais j'avais besoin de voir son visage. Un beau corps vêtu, dont on ne voit pas la tête, ne saurait exciter que des désirs faciles à contenter ; le feu qu'il allume ressemble à celui de la paille. Je voyais un élégant et beau simulacre ; mais je n'en voyais pas l'âme, car la gaze me dérobait ses yeux. Je voyais nus ses bras […] et j'imaginais tout le reste dont les tendres plis de la mousseline ne pouvaient me dérober que la vive surface.❞

(II, IV)

d'un dessein prémédité. » La phrase, une fois de plus, est un peu compliquée, mais l'aveu est tranquillement heureux.

Casanova incarne une Europe d'Ancien Régime qui ne fait pas un drame de l'amour avec les enfants et qui n'a pas encore inventé la catégorie médicale de l'inversion et de l'homosexualité. Les plus forts et les plus riches se permettent des privautés qui ne sont pas considérées comme tragiques. Ces plaisirs qui ne sont pas encore appelés sexuels ont la même évidence que la gourmandise, avec laquelle ils sont en continuité. Les beaux corps sont faits pour être caressés, comme les pâtés de macaroni napolitains, la morue de Terre-Neuve et les huîtres fraîches pour être mangés. Les confesseurs semblent alors

Cette scène de dîner aux chandelles joue du clair-obscur pour marier les plaisirs de la table et ceux de l'érotisme. La complicité reste subtile à l'intérieur d'un trio, cher à Casanova. Ainsi avec Leonilda, sa fille, et le duc qui l'entretient : « Petite partie délicieuse faite pour agacer l'amour toujours enfant, dont les jeux et les ris sont le vrai nectar qui le rend immortel. Dans cette charmante partie

indulgents, les médecins ont d'autres choses à faire, la psychanalyse n'est pas née. Dans la fascination que nous éprouvons pour l'*Histoire de ma vie*, le travail du mémorialiste vieillissant se mêle à notre propre nostalgie d'une liberté qui n'a peut-être jamais été vraiment telle qu'il nous la raconte.

nous outrepassâmes tous les trois certaines bornes, sachant cependant nous tenir dans des bornes » (IV, X).

L'aventurier, le joueur, le séducteur ne sont pas séparables du magicien et de l'occultiste. Jusqu'où croit-il lui-même aux secrets qu'il vend, aux martingales qu'il donne à des amis, aux opérations alchimiques qu'il entreprend pour le compte de riches protecteurs et protectrices, aux projets de réforme politique et de colonisation qu'il présente aux puissants ? L'âge des Lumières bouscule les frontières entre le possible et l'impossible, entre le croyable et l'incroyable, Dans les loges de la maçonnerie, les rationalistes côtoient les illuminés.

CHAPITRE 4

SAVOIRS

Casanova se veut homme universel. Expert en littérature, il adapte l'*Iliade*, dont la traduction est publiée à Venise en 1770. Versé dans les sciences, il se passionne pour les cabinets de curiosités et leurs instruments scientifiques.

DELL'
ILIADE DI OMERO,
TRADOTTA
IN OTTAVA RIMA
DA
GIACOMO CASANOVA,
VINIZIANO,
TOMO PRIMO.
CANTI CINQUE.

IN VENEZIA,
MDCCLXXV.
Presso MODESTO FENZO.
CON LICENZA DE' SUPERIORI, E PRIVILEGIO.

La sorcière de Murano

Le plus ancien souvenir rapporté par Casanova dans ses mémoires est la visite qu'il rend avec sa grand-mère à une sorcière de Murano, chargée de le guérir de saignements de nez. Le rituel magique de la sorcière rend vie au garçon, mais le mémorialiste ne précise pas le jugement qu'il porte sur ces gestes. Il constate leur efficacité. La vérité de la magie est dans son action, c'est-à-dire dans la confiance qu'on lui porte. Plus tard, le jeune homme arrive à Padoue dans une université au passé prestigieux. La dissection des cadavres y est pratiquée et Vésale y a défini une anatomie fondée sur l'observation. Ce qu'il nomme la « fabrique » du corps humain, c'est sa configuration, la logique du rapport entre forme et fonction. Le théâtre anatomique de Padoue illustre cette confiance nouvelle dans l'expérience. Les professeurs de médecine du XVIIIe siècle perpétuent cette tradition. Le jeune Casanova baigne dans ce milieu et s'imprègne des différentes sciences en même temps que de littérature, de droit et de théologie. Ces connaissances diverses, parfois contradictoires, semblent coexister en lui selon le principe d'une réalité feuilletée où chaque savoir correspond à un besoin et une situation, ou bien s'associer selon des bricolages subtils et mouvants.

Raison et déraison

L'*Encyclopédie* se veut en France une défense et illustration des nouveaux savoirs, rationnels et expérimentaux. Denis Diderot, le maître d'œuvre de l'ouvrage, n'hésite pourtant pas à y insérer un article « Théosophes », où il défend les droits de l'inspiration : « Nous avons tous des pressentiments,

L'université de Padoue était célèbre pour son amphithéâtre d'anatomie (ci-dessous), où se pratiquaient des dissections de cadavres. À droite, une planche de l'*Encyclopédie* montre le fonctionnement du larynx et du pharynx.

** Ma vocation était celle d'étudier la médecine pour en exercer le métier, pour lequel je me sentais un grand penchant. **

(I, III).

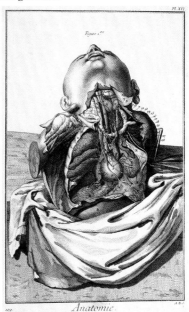

Exemple du « calcul numérique » par lequel Casanova se vante de pouvoir répondre à toutes les questions qu'on lui pose. Ainsi celle d'une belle Hollandaise : « Elle demanda pourquoi j'étais retourné à Amsterdam si tôt. Je lui apprends à arranger en pyramide des nombres tirés des paroles […] puis je fais tirer à elle-même une réponse numérique que je lui fais traduire par l'alphabet français, et elle est étonnée de lire que ce qui m'a fait retourner si vite à Amsterdam est l'amour » (V, VII).

et ces pressentiments sont d'autant plus justes et plus prompts que nous avons plus de pénétration et d'expérience. » Selon cet article, Paracelse n'est pas plus fou ni plus fripon que Socrate. Tel est Casanova qui mobilise des savoirs différents au hasard des circonstances. Il possède une culture générale et une intuition suffisantes pour s'improviser financier ou bien géologue, au gré de ses interlocuteurs. Lorsqu'il se trouve, au printemps 1746, dans la gondole du riche sénateur Bragadin et que celui-ci est frappé d'une attaque, Casanova a les réactions que lui soufflent ses quelques connaissances de médecine. Il soulage le malade, le ramène chez lui, tient tête aux médecins et se pose en guérisseur particulier du sénateur. Il a l'intuition de son homme : de médecin personnel, il devient vite conseiller ès sciences occultes. Bragadin et ses amis en sont férus.

Son secret, Casanova prétend le détenir d'un ermite rencontré dans une montagne. Il consiste en une transcription des lettres en chiffres, en une manipulation des chiffres, puis en une retraduction

Anatomie.

dans une langue qui peut être alors le latin ou l'italien. Le jeune homme semble improviser à partir d'une méthode dont il a entendu parler ou qu'il a vu pratiquer et se laisser porter par son imagination au gré de ses intérêts. De médecin officieux, le voilà transformé en mage officiel du riche patricien, entretenu par lui. La crédulité de Bragadin et le succès de la supercherie ont dû l'encourager dans ce rôle d'« hiérophante ».

Peu de temps plus tard, Casanova est invité à aller voir à la campagne le cabinet de curiosités d'un notable, dont la pièce maîtresse, au milieu des livres de magie et de reliques catholiques, était le couteau avec lequel saint Pierre aurait coupé l'oreille du grand prêtre juif, selon l'évangile de Jean. Il prétend alors savoir où se trouve le fourreau qui, seul, conférerait au couteau le pouvoir magique de découvrir des trésors. Il en fabrique un en faisant bouillir une semelle et en la vieillissant à l'aide de sable. La supercherie semble plus grosse avec ce nobliau local qu'avec le noble de la cité. Casanova vise un double trésor, une forte somme à recevoir de sa dupe et la fille du riche paysan sur les terres de qui se cacherait le trésor. Il doit attendre une pleine lune, s'assurer le concours d'une jeune vierge et tracer par terre un cercle magique pour forcer la volonté du gnome, gardien du trésor. S'il réussit à coucher avec la jeune fille, il échoue dans ses opérations mystérieuses, perturbées par un violent orage. « Mon système que je croyais à l'épreuve de tout s'était en allé. J'ai reconnu un Dieu vengeur qui m'avait attendu là

Casanova doit invoquer des puissances qui lui révéleront la présence d'un trésor. Il profite d'une nuit de pleine lune pour installer dans la campagne une bande circulaire ponctuée de signes cabalistiques. « Ce cercle que j'appelais *maxime* avait un diamètre de trois pas. »

pour me punir de toutes mes scélératesses, et pour mettre ainsi fin à mon incrédulité par la mort. » Dans toutes les aventures où il joue ainsi au sorcier, Casanova se compose un rôle entre le franc cynisme de l'escroc et la naïveté de celui qui croit en partie à ses mensonges.

Vieux secrets

Il puise, pour ce faire, dans un fonds traditionnel de savoirs secrets, tenus à l'écart par l'Église officielle, puis par la science nouvelle, mais perpétués plus ou moins discrètement par des esprits marginaux. Il y trouve à la fois les rêveries mystiques sur les lettres et les chiffres issues de la Kabbale juive, les croyances et les rituels alchimiques qui postulent des analogies à l'intérieur de l'Univers et des possibilités de transformations ou de mutations d'une forme à l'autre, les perspectives astrologiques qui établissent des liens entre les humains et les astres et qui se rattachent parfois à un corpus de textes dits hermétiques par référence au dieu Hermès, associé au dieu égyptien Thot, au dieu romain Mercure et à la figure judéo-chrétienne de Moïse.

Lorsque Casanova rencontre la marquise d'Urfé dans son hôtel, quai des Théatins, actuel quai Voltaire, ils se reconnaissent l'un et l'autre férus de sciences occultes. « Elle me fit voir sa bibliothèque, qui avait appartenu au grand d'Urfé et à Renée de Savoie sa femme, qu'elle avait augmentée de manuscrits qui lui coûtaient plus de cent mille francs. Son auteur favori était Paracelse qui, selon elle, n'avait été ni homme ni femme, et qui avait eu le malheur de s'empoisonner avec une trop forte dose de médecine universelle. Elle me montra un petit manuscrit où il y avait le grand procédé expliqué en français en termes très clairs » (V, V). Cette composition (ci-dessus), tirée d'un traité d'alchimie du XVIIIᵉ siècle, *La Clef de la grande science sur l'ouvrage philosophique inconnu jusques à présent*, est caractéristique des transpositions allégoriques qui font passer des opérations matérielles aux figures et emblèmes.

Des retours à la tradition juive et des apports arabo-musulmans sont également sensibles, en particulier dans les pays du pourtour méditerranéen. Au fur et à mesure que s'établissaient la norme et l'orthodoxie chrétienne, de tels savoirs étaient rejetés comme hérétiques ou marginalisés comme suspects. Le fonds est syncrétique et prétend transmettre un ensemble de secrets pour conserver la santé ou prédire l'avenir, fabriquer de l'or ou dialoguer avec les morts. Exploité par Casanova, il s'y mêle une bonne dose de *commedia dell'arte* personnelle, c'est-à-dire un goût de l'improvisation et de la repartie, un plaisir de jouer et de se mettre en scène, et le souci de rentabiliser au plus vite toutes ces grimaces. L'aventurier s'approprie les secrets comme il triche au jeu, pour forcer le sort et s'imposer aux puissants.

La franc-maçonnerie

Les sectes et les sociétés secrètes étaient nombreuses qui se donnaient pour mission de transmettre une tradition réservée à quelques initiés, parmi lesquelles la société des Rose-Croix et certaines loges. Les loges entretenaient des liens entre elles et constituaient pour le voyageur un réseau social, parallèle aux recommandations traditionnelles et au tissu académique. Toujours à la recherche de sauf-conduits pour échapper aux diverses polices et de passeports pour pénétrer la bonne société, Casanova ne pouvait ignorer le réseau franc-maçon. À la suite peut-être de ses amis comédiens, il est initié comme apprenti dans une des loges de Lyon en 1750. Il acquiert rapidement à Paris les grades suivants de compagnon et de maître. Il profite des relations que lui permet cette affiliation et des entrées qu'elle lui procure dans des milieux fermés. Il évoque d'autres titres et grades qu'il a pu recevoir ensuite et qui

La franc-maçonnerie trouve sa forme moderne dans l'Écosse du XVIIe siècle. Elle se répand à travers l'Europe, dans ses deux styles : les loges rationalistes qui développent une sociabilité éclairée et se réfèrent de moins en moins au christianisme et, au contraire, les loges mystiques qui empruntent à divers cultes anciens pour multiplier les grades d'initiation et inventer des rituels frappants. Sur ce médaillon de bronze de la Loge royale de la bienfaisance et de l'amitié de Lyon – centre maçon et mystique particulièrement actif –, où fut peut-être initié Casanova, on reconnaît les outils de la maçonnerie : équerre, fil à plomb...

suggèrent en particulier le rite égyptien, mis à la mode dans la seconde moitié du XVIIIᵉ siècle, spectaculaire et mystique. Bien des voyages restés énigmatiques de Casanova s'expliquent sans doute par des missions d'une loge à l'autre et nombre de ses relations sont fondées sur la solidarité maçonne.

❝ Il n'y a point d'homme au monde qui parvienne à savoir tout ; mais tout homme doit aspirer à tout savoir. Tout jeune homme qui voyage, qui veut connaître le grand

Les jeux de l'amour et de l'occultisme

C'est peut-être ce réseau qui permet au Vénitien, installé sur les bords de la Seine, de parvenir jusqu'à la duchesse de Chartres, future duchesse d'Orléans, qui le consulte comme un oracle pour savoir comment guérir ses boutons et gérer ses liaisons amoureuses. C'est comme guérisseur qu'il soigne le comte de La Tour d'Auvergne d'une sciatique et par lui qu'il fait la connaissance de la marquise d'Urfé, veuve richissime, férue de sciences occultes, collectionneuse de manuscrits alchimiques, disciple de Paracelse qui entretient un laboratoire où l'athanor ne s'éteint jamais.

monde, qui ne veut pas se trouver inférieur à un autre et exclu de la compagnie de ses égaux [...], doit se faire initier dans ce qu'on appelle la maçonnerie [...]. Il doit cependant faire attention à bien choisir la loge dans laquelle il veut être installé ❞ (III, VII).
Ci-dessus, la Loge de l'espérance, à Vienne, en 1790 ; Mozart serait le premier personnage à droite.

La marquise veut entrer en contact avec les esprits élémentaires, Casanova la persuade qu'il lui en fournira la possibilité. Quand il la quitte, c'est en emportant « son âme, son cœur, son esprit et tout ce qui lui restait de bon sens ». Le nom d'Urfé était lié à *L'Astrée*, devenu la bible de l'amour délicat; Casanova l'associe à des amours qui le seront un peu moins. La grande opération qui assurera l'immortalité à la marquise vieillissante est reportée à un autre séjour français du Vénitien, elle se poursuit de loin en loin lors de rencontres ultérieures. En respectant l'horoscope, Casanova doit faire à une vierge, fille d'un adepte, un garçon dans lequel

Les symboles alchimiques (pentacle, ci-dessus, ou athanor, page de droite) subsistent en plein siècle des Lumières.

la marquise d'Urfé fera passer son âme. En attendant, par testament, c'est sa fortune qu'elle fera passer au jeune garçon et au tuteur qui est désigné, Casanova lui-même. La fécondation de la vierge ou prétendue telle n'est pas difficile. Le séducteur peut même payer de sa personne en couchant avec la marquise, du moment que la perspective d'une soubrette appétissante le soutient durant l'épreuve. Mais les complications romanesques de la vie l'obligent à modifier sans cesse le programme. Les acolytes ne se contentent pas de jouer leur rôle et sont exigeants. De jolies personnes qui traversent son chemin sont ajoutées au scénario. Des oracles se font entendre opportunément pour imposer des changements. La marquise d'Urfé est parfaite dans son refus de croire tous ceux qui dénoncent l'imposture. Lorsque l'aventurier parvient à mettre la main sur une très grosse somme, il est dépouillé à son tour par un valet aussi peu scrupuleux que son maître.

Paris compte au XVIIIe siècle plusieurs cabinets scientifiques, dont celui de Bonnier de La Mosson, au 244 de l'actuel boulevard Saint-Germain, est le plus luxueux (page de gauche). Chaque armoire est consacrée à une science. On aperçoit l'optique et la mécanique. Des sculptures antiques alternent avec les instruments scientifiques, et la décoration rocaille prolonge la volonté de percer les secrets de la nature.

Les jeux de l'amour et de l'occultisme prennent un tour différent avec la jeune Esther, la fille d'un riche commerçant hollandais. Casanova s'introduit chez son père comme émissaire financier du gouvernement français, mais il s'y installe en intime grâce aux contacts qu'il aurait avec les esprits et grâce à la séduction d'Esther, aussi passionnée que son père par les sciences occultes. Une série de hasards heureux lui donne l'occasion de retrouver un trésor et de prédire qu'un bateau cru perdu va revenir avec sa cargaison. Il devient conseiller en stratégie commerciale. Érotisme et occultisme se confondent lorsque le séducteur sait deviner l'imperceptible grain de beauté caché sur le corps de la jeune fille. « Sachant que tous les signes de cette espèce qu'on voit sur le visage de quelqu'un, ou sur le cou, ou sur les mains, ou sur les bras, se répètent sur la partie du corps qui correspond à la visible, j'étais certain qu'Esther devait avoir un signe parfaitement égal à celui qu'elle avait sur le menton, dans un endroit qu'honnête comme elle était, elle n'avait pu laisser voir à personne, et qu'il se pouvait même qu'elle ignorât elle-même qu'elle avait. »

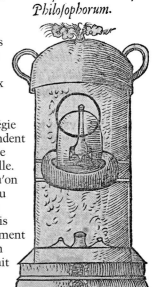

thanor:tripes arcanonum:furnus Philosophorum.

Casanova n'inspire aucune sympathie à Fellini, qui prétend n'avoir pas lu l'*Histoire de ma vie* pour tourner son film, sorti en 1976. Le personnage, joué par Donald Sutherland, apparaît comme un homme prisonnier de sa mythologie virile, manipulé par plus puissant que lui, incapable d'accéder au mystère du pouvoir féminin. L'image est le plus souvent nocturne, funèbre. Casanova y joue son rôle d'amant infatigable, mais son don érotique devient une mécanique qui tourne à vide. Son sexe n'est plus qu'un petit automate qui bat des ailes à volonté, et la femme idéale du séducteur n'est peut-être elle-même qu'une marionnette, une poupée dont les gestes mécaniques n'ont aucune profondeur amoureuse. L'épisode de la marquise d'Urfé illustre cette réduction de l'amour à une gymnastique et du sentiment à un faux-semblant. La vieille femme croit pouvoir renaître dans l'enfant que fera Casanova. L'image cinématographique devient une mise en scène théâtrale, entre les livres d'alchimie et la symbolique astrale.

La doctrine des correspondances s'adapte aux intuitions et aux caresses. Le père offre sa fille et une participation à l'entreprise. Lorsque Casanova veut par affection réelle avouer l'imposture à Esther, celle-ci peut accepter un amant moins riche, moins bien né qu'il ne voulait le faire croire, mais elle ne veut pas le croire dépouillé de tout pouvoir magique. « Elle était convaincue que si je ne lui enseignais pas à faire la cabale, la raison en était que la chose n'était pas en mon pouvoir. »

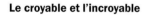

Le croyable et l'incroyable

L'aventurier, le joueur, le séducteur ne sont pas séparables du magicien. Quand il est arrêté par l'Inquisition vénitienne, c'est pour la possession de livres sataniques. Jusqu'où croit-il lui-même aux secrets qu'il vend, aux martingales qu'il donne à des amis, aux opérations alchimiques qu'il entreprend pour le compte de riches protecteurs et protectrices, aux projets de réforme politique et de colonisation qu'il présente aux puissants ? L'âge des Lumières bouscule les frontières entre le possible et l'impossible, entre le croyable et l'incroyable. Au même moment, à Paris, les frères Montgolfier font voler des ballons et arrachent l'homme à la fatalité de la pesanteur ; Benjamin Franklin installe un paratonnerre sur le clocher d'une église et désamorce une autre fatalité traditionnelle, celle qui soumettait l'homme à la foudre ; un médecin viennois, Franz Anton Mesmer, qui avait soutenu une thèse de doctorat, *De l'influence des planètes sur le corps humain*, suscite un extraordinaire engouement dans le public, hommes et femmes, aristocrates et bourgeois confondus, en prétendant

Venu de Vienne, Franz Mesmer publie en 1779 un *Mémoire sur la découverte du magnétisme animal* et fait bientôt accourir Tout-Paris à ses consultations et séances autour du baquet. Cette cuve de bois contient des bouteilles installées sur un mélange de verre pilé et de limaille de fer et reliées par des tiges de fer aux patients, souvent des patientes. La circulation du fluide déclenche chez elles des crises convulsives : elles s'éloignent alors dans des « salles de crises ». L'atmosphère générale est une pénombre emplie de parfums et de musique.

soigner le corps et l'âme ensemble et en imaginant des cures collectives. Grâce au magnétisme, saurait-il sauver l'homme de la fatalité de la maladie ? L'Académie des sciences constate la réalité scientifique des ballons et du paratonnerre, mais condamne le magnétisme animal : « L'imagination sans magnétisme produit des convulsions ; le magnétisme sans imagination ne produit rien. »

Pour le public, même éclairé, le partage est moins clair. Casanova se croit homme de sciences aussi bien qu'homme de lettres. Ses manuscrits contiennent des travaux d'algèbre et de numérologie. Il n'hésite pas à publier un pamphlet à propos de l'anatomie. L'attente de ses dupes le pousse à s'aventurer de plus en plus loin dans l'invention d'expériences invraisemblables qu'il impose à leur crédulité par son autorité et son charme personnels.

« L'électricité choisit le siècle des Lumières pour dévoiler ses merveilles » (Laura Bossi). Elle apparaît sous forme d'un fluide dont les effets au cours d'expériences spectaculaires intéressent les savants et impressionnent les foules. Elle traverserait et transformerait non seulement la matière brute mais aussi les corps vivants, animaux et humains. Elle pourrait se transmettre de personne en personne et aurait des vertus curatives. Les essais se multiplient autour de cette thérapie nouvelle : *Recherches sur les causes particulières des phénomènes électriques* de l'abbé Nollet (1749), *De l'électricité du corps humain dans l'état de santé et de maladie* de l'abbé Bertholon (1780), *Mémoire sur l'électricité médicale* de Jean-Paul Marat, le futur révolutionnaire (1783). Sur la gravure ci-contre, une expérience électrique dans un pays lointain provoque la panique chez les spectateurs, qui veulent y voir un phénomène magique. Face à ces phénomènes, Casanova hésite entre rationalisme, naïveté et volonté de profiter de la crédulité d'autrui.

Saint-Germain et Cagliostro

Casanova fait la connaissance dans
l'entourage de Mme d'Urfé de deux
figures symptomatiques de cette Europe
des Lumières qui est aussi celle de
l'illuminisme : les comtes de Saint-
Germain et de Cagliostro. On ne sait pas
l'âge de Saint-Germain, mais il a vingt
ou trente ans de plus que Casanova,
qui admire son talent mondain et
sa conversation. On le dit le fils secret
de quelque princesse royale et plusieurs
fois centenaire. Il a convaincu le roi
de France de lui laisser le château de
Chambord pour installer son laboratoire.
L'État endetté se conduit comme les
particuliers qui ne veulent pas laisser
passer une occasion de s'enrichir. « Je l'ai
écouté avec la plus grande attention. Il se donnait
pour prodigieux en tout, il voulait étonner, et
positivement il étonnait. Il avait un ton décisif,
qui cependant ne déplaisait pas, car il était savant
en tout, parlant bien toutes les langues, grand
musicien, grand chimiste, d'une figure agréable,
et maître de se rendre amies toutes les femmes. »
Casanova est confronté à l'aventurier qu'il rêverait
d'être. Il cherche à profiter de son exemple, il rêve
d'acquérir sa maîtrise et son aisance. Le soi-disant
comte de Cagliostro est en revanche plus jeune que
Casanova, qui soupçonne son origine populaire ;
il vient en effet d'une famille pauvre de Palerme
et se nomme Joseph Balsamo. Il a voyagé autour
du Bassin méditerranéen et se présente comme
détenteur de secrets pharmaceutiques et médicaux.
Il introduit le rite égyptien dans la franc-
maçonnerie. Quand il écrit, Casanova sait qu'il
a fini misérablement dans une prison pontificale
à San Leo. Il évoque sa physionomie patibulaire et
le traite d'ignorant fripon, ne sachant pas bien parler
le français, « petit de taille, assez bien coupé,
portant sur sa figure assez revenante la hardiesse,
l'effronterie, la moquerie, et la friponnerie ».

LE COMTE DE St. GERMAIN
CÉLÈBRE ALCHIMISTE.

Le comte de Saint-
Germain (ci-dessus)
et le comte Alessandro
di Cagliostro, en fait
Giuseppe Balsamo
(page de droite), sont
deux aventuriers qui
jouent sur la crédulité
du public, se
prétendant immortels
ou détenteurs d'un
élixir de jouvence,
capables de faire
apparaître et de faire
parler les morts. En
contact avec les esprits,
ils posséderaient tous
les secrets. Ici des
femmes du monde
se pressent autour de
Cagliostro pour obtenir
les numéros qui
devraient sortir
à la loterie — comme
elles le faisaient
sans doute quand
Casanova proposait
ses martingales.

Casanova publie anonymement en 1786 un pamphlet, *Soliloque d'un penseur*, où il marque ses distances à l'égard de tous les magiciens guérisseurs.

Saint-Germain et Cagliostro sont comme deux doubles de Casanova, l'un valorisant, l'autre dévalorisant. Casanova a louvoyé tout au long de sa vie entre les réussites du premier et les déconvenues du second. Mais ses thèmes sont aussi les leurs : le pouvoir de faire de l'or et d'échapper au vieillissement, d'évoquer les morts et de converser avec les esprits. Jean-Jacques Rousseau reprochait à l'athéisme d'être une doctrine de privilégiés qui n'ont pas besoin d'espérer en un autre monde. On pourrait dire que le bric-à-brac de magie de Casanova et de ses semblables exprime les frustrations et les attentes d'aventuriers qui cherchent à avoir prise sur la société.

ALEXANDRE COMTE DE CAGLIOSTRO

Embarquement du Comte de Cagliostro pour aller à Malte.

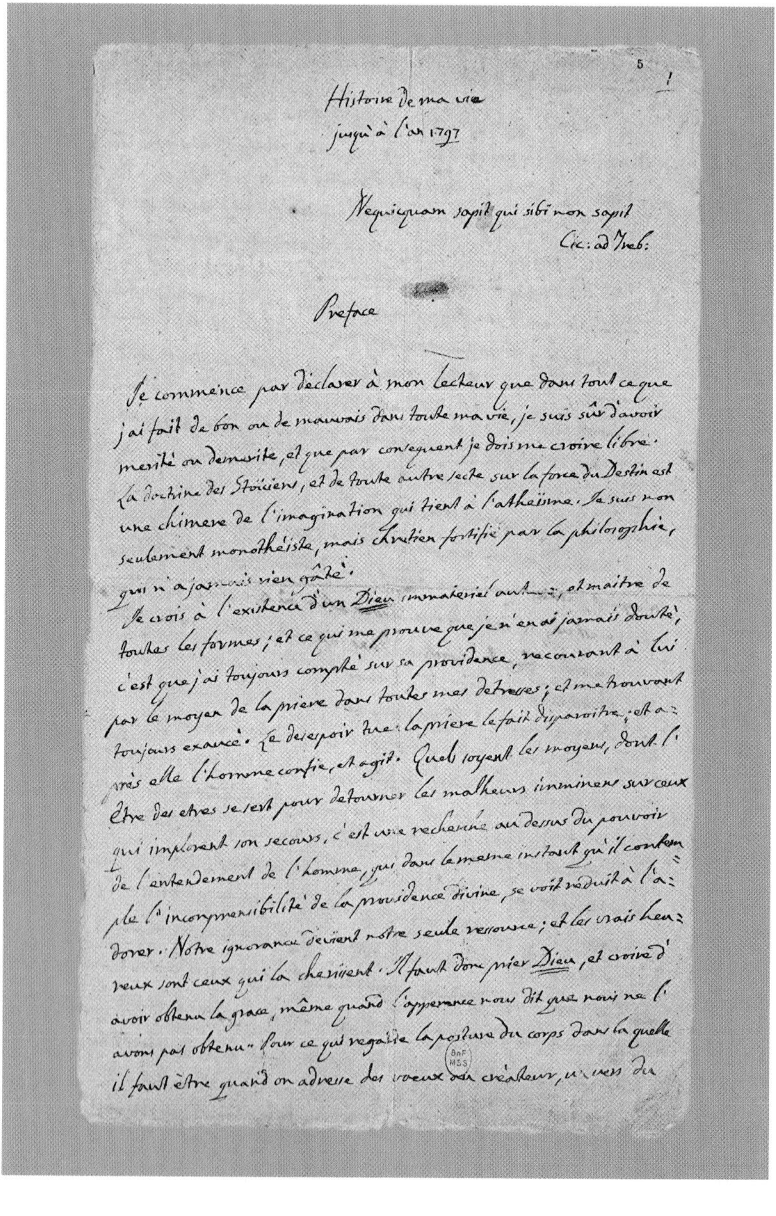

76

5

1

Histoire de ma vie

jusqu'à l'an 1797

Nequicquam sapit qui sibi non sapit

Cic: ad Treb:

Preface

Je commence par déclarer à mon lecteur que dans tout ce que
j'ai fait de bon ou de mauvais dans toute ma vie, je suis sûr d'avoir
mérité ou démérité, et que par conséquent je dois me croire libre.
La doctrine des Stoïciens, et de toute autre secte sur la force du Destin est
une chimère de l'imagination qui tient à l'athéisme. Je suis non
seulement monothéiste, mais chrétien fortifié par la philosophie,
qui n'a jamais rien gâté.

Je crois à l'existence d'un Dieu immatériel auteur, et maître de
toutes les formes; et ce qui me prouve que je n'en ai jamais douté,
c'est que j'ai toujours compté sur sa providence, recourant à lui
par le moyen de la prière dans toutes mes détresses; et me trouvant
toujours exaucé. Le désespoir tue: la prière le fait disparoître; et a-
près elle l'homme confie, et agit. Quels soyent les moyens, dont l'
Être des êtres se sert pour détourner les malheurs imminens sur ceux
qui implorent son secours, c'est une recherche au dessus du pouvoir
de l'entendement de l'homme, qui dans le même instant qu'il contem-
ple l'incompréhensibilité de la providence divine, se voit réduit à l'a-
dorer. Notre ignorance devient notre seule ressource; et les vrais heureux sont ceux qui la chérissent. Il faut donc prier Dieu, et croire d'
avoir obtenu la grace, même quand l'apparence nous dit que nous ne l'
avons pas obtenu. Pour ce qui regarde la posture du corps dans laquelle
il faut être quand on adresse des voeux au créateur, u vers du

Lecteur passionné des classiques, traducteur, Casanova a pratiqué tous les genres, du théâtre à la philosophie. Adoptant la langue française, il s'essaie au roman utopique avec l'*Icosameron*, mais s'épanouit dans l'*Histoire de ma vie*. Bâtard culturel, il s'invente un style entre mise en scène aristocratique de soi et volonté de tout dire. Il lègue à la postérité un manuscrit qui mettra deux siècles à lui parvenir. Longtemps censuré, son texte n'est vraiment publié pour la première fois qu'en 1960. On attend son édition critique.

CHAPITRE 5

MÉMOIRES

Casanova prévoit de poursuivre l'histoire de sa vie jusqu'au moment de la rédaction, en 1797, mais il ne dépassera pas le carême de 1774. « C'est ne rien connaître que ne pas utiliser la connaissance pour soi », déclare l'épigraphe, empruntée à une lettre de Cicéron. Ci-contre, un ultime portrait, de 1796, peut-être dû à son frère Francesco.

Le conteur

Bien avant de devenir mémorialiste,
Casanova est un conteur, un conteur de
sa propre vie. « Je les ai rendus mes amis
intimes leur contant l'histoire de tout ce
qui m'était arrivé jusqu'alors dans ma vie ;
et assez sincèrement quoique non pas avec
toutes les circonstances [...]. » C'est ainsi
qu'un jeune homme sans avenir séduit
le sénateur Bragadin et ses deux amis,
qui l'invitent à partager leur vie. De franc
vaurien, il devient par la grâce du verbe
un « riche seigneur ». L'existence vécue,
chez lui, ne se sépare pas de la vie
racontée, ni la parole du geste. Il parle
pour séduire et être reconnu. Il narre
ce qui lui est arrivé « assez sincèrement » :
il n'est pas question de confession ou
d'un pacte tel que celui auquel s'engage
Rousseau. Dans un contexte protestant,
celui qui se confesse est tenu à une
sincérité totale, comme sous le regard
de Dieu. Dans le catholicisme baroque
auquel appartient Casanova, la vérité
est faite de semblants et de reflets,
elle est une fiction vécue. Elle n'est pas
tant une hypothétique conformité avec ce
qui a eu lieu qu'un engagement personnel
et charnel dans la réinvention du passé.
Le plaisir que Bragadin et ses amis
trouvent à la narration du jeune homme,
le plaisir que lui-même prend à
transformer la vie en roman sont le critère
et le garant de la vérité.

Les deux exploits qui sont rapportés dans
les gazettes et qui assurent une renommée
à l'aventurier sont l'évasion des Plombs, en
1756, et le duel avec un noble polonais, dix
ans plus tard. Il sait faire de leur narration
un grand numéro théâtral qu'on lui
réclame de salon en salon. Il en fournit une
version rédigée à Bernis, devenu ministre,

et à leur commune maîtresse, la religieuse demeurée à Venise, et il a soin d'en conserver une copie. C'est ainsi que Choiseul lui-même le convoque pour l'entendre et le voir dans ce numéro : « Cette histoire, Monseigneur, dure deux heures, et V. E. me semble pressée. – Dites-la en bref. – C'est dans sa plus grande abréviation qu'elle dure deux heures. – Vous me direz une autre fois les détails. – Sans les détails, cette histoire n'est pas intéressante. » Le conteur défend son art qui se situe dans la construction d'un suspens ; l'évocation des sensations les plus concrètes transforme le fait en événement et l'événement en prouesse. Les Plombs ne prennent leur vérité angoissante que par la description de la chaleur poisseuse et des rats qui grouillent ; le corps écorché et les vêtements déchirés font ressentir le danger de la fuite. Par l'aventure, Casanova accède à l'héroïsme.

L'édition de l'*Histoire de ma fuite* est illustrée d'une gravure qui met en valeur l'héroïsme de cette évasion (page de gauche) et sert de pièce à conviction. L'évadé a rôdé son récit, qu'il a répété comme un numéro d'acteur, la narration « durait deux heures », explique

· En attendant je me voyois obligé à faire par tout où j'allois la narration de ma fuite ; c'étoit une corvée, car elle duroit deux heures ; mais j'étois en devoir d'être complaisant vis à vis de ceux qui s'en montroient curieux, car ils n'auroient pu l'être sans le vif intereth qu'ils prenoient à ma personne.

Le duel lui assure ensuite une noblesse, il est blessé au bras, la nouvelle fait le tour de Varsovie. « J'ai passé quinze jours, toujours invité à des dîners et des soupers où on vouloit partout m'entendre réciter l'histoire du duel dans le plus grand détail. »

Il part pour Dresde, le bras toujours en écharpe : « Tout le monde me fêta, et j'ai dû réciter à tout le

l'Histoire de ma vie. Le duc de Choiseul (ci-dessus) à Versailles veut lui aussi entendre le récit, mais Casanova refuse de se restreindre pour s'adapter à l'emploi du temps du ministre.

monde l'histoire du duel ; je la
narrais volontiers, car j'étais vain. »
Le verbe réciter suggère le
professionnalisme de l'acteur qui vit
de son spectacle, et la mention du
détail, comme dans le récit de
l'évasion, souligne le plaisir du
comédien qui s'identifie, non sans
vanité, au personnage qu'il a été.
Il finit par publier une version
rédigée des deux aventures. Écrit
à la troisième personne, *Le Duel*
paraît en italien dans un recueil
en 1780. Casanova le donne pour un
premier essai, pour l'ébauche d'une
autobiographie à laquelle il songe :
« Que cet épisode de l'histoire de la
vie du Vénitien suffise à détromper
ceux qui désirent qu'il l'écrive tout
entière. Qu'ils sachent bien que, s'il
se décide jamais à les satisfaire, il
ne saurait l'écrire autrement que de
la manière dont le présent écrit leur
offre un échantillon. Aperçus, réflexions,
digressions, menus faits, observations critiques,
dialogues et soliloques, il leur faudra tout supporter
d'une plume qui ne veut avoir aucun frein. »
Casanova est à la recherche d'un style qui transpose
les libertés de son existence. L'*Histoire de ma fuite*
paraît en français et à la première personne en 1787.

Le choix du français

La monumentale *Histoire de ma vie*, dont
les dimensions sont sans commune mesure avec
ces deux petits textes, a nécessité trois expériences :
l'apprentissage et le choix de la langue française,
la pratique du roman comme lecteur, traducteur et
romancier même, le vieillissement et la claustration
à Dux. Quand il cherche à se frayer un chemin dans
l'Église, le jeune Giacomo s'entend recommander par
le cardinal, qui le protège, d'apprendre le français.
Arrivant à Paris, pour parfaire sa maîtrise, il prend
des leçons auprès de Crébillon père, considéré

L'abandon de
l'italien pour le
français marque sans
doute un changement
d'ambition : le passage
d'un public vénitien
à une audience
européenne plus large.
Les *Opuscoli
miscellanei* sont de
1780, *Ne'amori ne'
donne* (*Ni femmes ni
amours ou le Nouveau
Nettoyage des écuries*)
[sous-entendu
d'Augias], violente
satire de l'aristocratie
vénitienne, de 1782,
l'*Histoire de ma fuite*
paraît avec en
frontispice l'arrestation
du jeune perturbateur
par les officiers
de l'Inquisition.

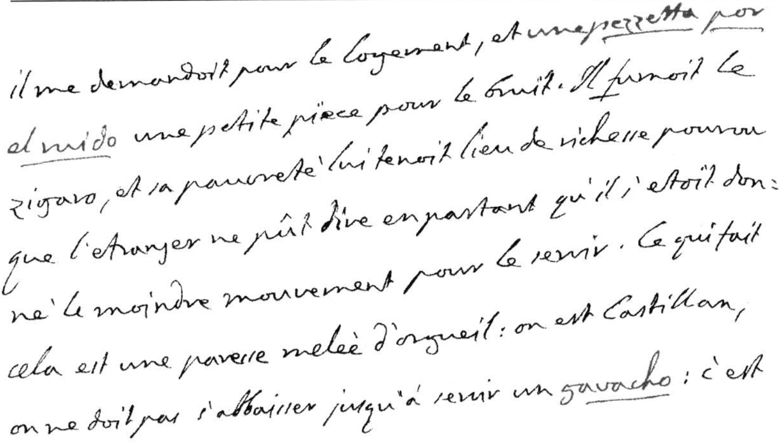

il me demandoit pour le logement, et une pezzetta pour el nido une petite pièce pour le bruit. Il prenoit le zigaro, et sa pauvreté lui tenoit lieu de richesse pour ou que l'étranger ne pût dire en partant qu'il, étoit don= né le moindre mouvement pour le servir. Ce qui fait cela est une pauvreté mêlée d'orgueil: on est Castillan, on ne doit pas s'abbaisser jusqu'à servir un gavacho : c'est

comme le plus grand dramaturge de
son temps. Il acquiert une familiarité
de la langue qui lui ouvre grandes
les portes d'une Europe aristocratique
et princière qui parlait le français.
Il manie tout aussi aisément le latin,
qui reste la langue de l'Église et du
savoir érudit. Il prend une teinture
linguistique des différents pays où
il séjourne. Le français qu'il écrit
garde une liberté d'invention
qui a pu choquer les puristes.
Il francise des mots italiens,
parfois même vénitiens,
il aime les constructions
latines et bouscule
parfois la syntaxe
française.
Classique par
sa culture,
c'est un
écrivain
moderne
par la liberté avec laquelle
il s'approprie la langue,
il la séduit et la plie
à ses émotions.

Le professeur de français de Casanova à Paris, auteur de tragédies et membre de l'Académie française, est Crébillon, le Grand (ci-contre), par opposition à son fils, le romancier. Il initie le Vénitien aux subtilités de la langue officielle, mais Casanova reste perméable aux autres langues romanes. Il truffe les chapitres qu'il consacre à son séjour espagnol (ci-dessus) de termes castillans, transcrits parfois à l'italienne : une *peseta* devient une *pezzetta* pièce; le *zigaro* est le cigare qui vient d'Amérique du Sud et devient à la mode; le *gavacho* est un paysan sale et le terme sert de sobriquet pour les Français.

Voltaire et Rousseau

Casanova ne manque pas de se rendre à Ferney, selon le rituel de la visite au grand homme qui est en train de s'instaurer : le roi Voltaire est en correspondance avec toute l'Europe, il illustre une nouvelle royauté de l'esprit et cette universalité de la langue française qui va bientôt être célébrée par Rivarol.

Il ne manque pas aussi de rendre visite à Jean-Jacques Rousseau, alors retiré à Montmorency. Mais l'homme le déçoit, il « ne se distinguait en rien ni par sa personne, ni par son esprit ». « Nous ne trouvâmes pas ce qu'on appelle un aimable homme. Il nous parut un peu impoli [...]. » Ailleurs, Casanova condamne l'écrivain : « Il n'écrivait pas comme on parle. » Si la littérature reste liée à l'oralité et à la sociabilité, Voltaire, seigneur de Ferney, est un incontestable magicien du verbe, alors que Jean-Jacques se veut paysan du Léman, exclu du grand monde, refusant le brillant social. Casanova récuse un Jean-Jacques qui lui est sans doute trop proche, dans sa revendication d'une parole personnelle, tirant sa légitimité d'elle-même.

Toutes proportions gardées, Casanova se situe entre les deux philosophes, l'*Histoire de ma vie* tient du ton voltairien et de l'impudeur rousseauiste. Mais Casanova ne prétend pas « former une entreprise qui n'eut jamais d'exemple », comme Rousseau en tête de ses *Confessions*. Le prince de Ligne risque un parallèle entre Giacomo et Jean-Jacques : « J'aime mieux le Jacques qui n'est pas Jean. Car vous êtes gai, il est atrabilaire. Vous êtes gourmand, il met de la vertu dans les légumes. Vous avez cueilli trente roses de virginité, il n'a cueilli que la pervenche. »

JE forme une entreprise qui n'eut jamais d'exemple, & dont l'exécution n'aura point d'imitateur. Je veux montrer à mes semblables un homme dans toute la vérité de la nature ; & cet homme, ce sera moi.

Leur différence, c'est l'acceptation ou non de la vie dans sa truculence païenne : « L'éloquent Rousseau n'avait ni l'inclination à rire, ni le divin talent de faire rire. » Le jugement moral hante *Les Confessions*, Casanova lui préfère un cynisme tranquille.

Bâtards culturels

Fils d'un gros paysan, Rétif, qui se dit de La Bretonne comme Casanova de Seingalt, tente en 1794 le même exercice dans *Monsieur Nicolas, ou le Cœur humain dévoilé*. Ces « bâtards culturels » s'emparent d'une écriture de soi qui semblait réservée aux porteurs d'un grand nom.

La rencontre à Ferney est l'occasion d'un assaut de bons mots, la scène se passe durant l'été 1766, Voltaire a soixante et onze ans, Casanova en a quarante et un : « Voilà, lui dis-je, le plus heureux moment de ma vie. Je vois, à la fin, mon maître ; il y a vingt ans, monsieur, que je suis votre écolier.
— Honorez-moi encore d'autres vingt, et après promettez-moi de venir me porter mes gages.
— Je vous le promets, mais promettez-moi aussi de m'attendre.
— Je vous en donne ma parole, et je manquerai de vie plutôt que d'y manquer » (VI, X).

Les mémorialistes sont de plain-pied avec l'histoire en train de se faire. Ils illustrent leur patronyme, comme acteurs et témoins des grands événements de l'histoire. Au XVIIᵉ siècle, les grands nobles vaincus de la Fronde ont occupé leur exil à raconter leur combat perdu. Au XVIIIᵉ siècle, le duc de Saint-Simon brosse le panorama d'une monarchie qui se détourne de ses fondements aristocratiques, il parle au nom de ses ancêtres. Ceux qu'on nommera plus tard des autobiographes, Rousseau, Rétif, Casanova, cherchent bien à se trouver des aïeux et à s'inscrire dans une généalogie, mais ils sont d'abord leur propre invention. Ils confèrent à l'histoire de leur cœur et de leur corps individuel la grandeur de l'histoire des lignées et des peuples. Ils puisent dans le pouvoir de l'écriture leur droit à parler d'eux-mêmes et à livrer à un public anonyme les secrets réservés autrefois à la confession religieuse.

Un monde héroïque

Casanova reste mémorialiste par sa volonté d'approcher les puissants, le pape Benoît XIV, Louis XV et Mme de Pompadour, Frédéric II de Prusse, Catherine II de Russie, Stanislas-Auguste de Pologne. Il cherche à se faire une petite place dans le grand monde, mais c'est finalement comme auteur qu'il prend la parole, au moment où s'opère le « sacre de l'écrivain » (P. Bénichou). C'est en camelot de ses plaisirs et de ses peines qu'il nous enchante.

Ce qu'il a vécu ne se sépare pas de ce qu'il a lu. Adolescent, il a découvert *La Jérusalem délivrée* du Tasse et, surtout, le *Roland furieux* de l'Arioste, qui lui ont ouvert un monde héroïque, fait d'amours et de prouesses. Adulte, il n'a cessé d'y revenir. Il a vécu, puis a raconté ses aventures sur ce mode chevaleresque. Ces aventures sont modelées par les mots de l'Arioste, mais aussi par les formes et les couleurs de tous les peintres, par les mélodies et les voix de tous les musiciens qui se sont inspirés du *Roland furieux*. C'est un univers imaginaire et sensuel qui hante les fresques des palais et des villas, qui résonne à l'Opéra et dans les salons fréquentés. Les héros de l'Arioste sont protégés par le Ciel, guidés par leur génie. Casanova prétend aux mêmes soutiens supérieurs, sans y croire totalement. De l'Arioste à Cervantès, de Roland à Don Quichotte, il passe de l'épopée au roman. Don Quichotte est un héros qui a perdu son épopée. Galants, picaresques, libertins puis sentimentaux, les personnages romanesques apprennent à vivre dans un monde qui n'a plus de sens

Casanova se vante de savoir par cœur des chants entiers de l'Arioste, qu'il récite volontiers. À Londres, c'est une de ses conquêtes, Pauline, qui entreprend de lui lire « l'aventure de

Ricciardetto avec Fiordispina, princesse d'Espagne, qui fait toute la beauté du 25e chant » du *Roland furieux* : « Que le ciel lui avait promis que Bradamante fût changé en représentant du meilleur sexe » et « Elle jette ses beaux bras autour de mon cou, elle me serre doucement [...] » (IX, IX, manuscrit ci-dessus).

a priori. Les aventures de Casanova ont cette imperfection de l'héroïque devenu romanesque. Mais elles gagnent en saveur concrète ce qu'elles perdent en merveilleux. Les dieux protecteurs ont disparu, mais les odeurs et les nuances de la vie terrestre trouvent une langue nouvelle.

La Jérusalem délivrée du Tasse est l'autre grand modèle héroïque. Renaud se laisse détourner de son devoir de soldat par l'enchanteresse

Un air de déjà-lu

Nombreux sont les épisodes de l'*Histoire de ma vie* qui ont un air de déjà-lu. Dès le chapitre premier, Giacomo raconte comment il a été tenté sur l'établi de son père par « un gros cristal rond brillanté en facettes ». Il l'a volé, puis, suspecté, l'a glissé dans la poche de son frère Francesco, puni à sa place. On songe au ruban volé de Rousseau et à l'accusation de la pauvre Marion. Rousseau ne s'est jamais pardonné ce péché. La discussion de Casanova avec un confesseur jésuite écarte toute culpabilité.

Plus tard, lors d'un souper, son premier « exploit littéraire » est de prouver sa connaissance du latin :

Armide. De telles scènes inspirent Giambattista Tiepolo dans bien des fresques dont il décore les villas de Vénétie. Casanova s'enchante de trouver sur la table de chevet d'une jeune fille qu'il vient de réveiller un livre du Tasse. Elle s'excuse en expliquant qu'elle n'a pu s'endormir avant de l'avoir fini.

il sait expliquer pourquoi, en latin, *cunnus* (le sexe féminin) est masculin et *mentula* (le sexe masculin) féminin. On songe cette fois au repas de Turin au cours duquel Jean-Jacques reconnaît une forme du verbe ancien *férir* dans la devise : « Tel fiert qui ne tue pas. » Le plébéien fait preuve de sa maîtrise de la langue et surtout du passé. Quelques années plus tard, le premier exploit libertin est le dépucelage de deux jeunes sœurs, ravies de l'expérience. Ce coup d'essai vaut un coup de maître. Il rappelle tous les textes que le garçon lisait en cachette, que l'homme du monde se vante de posséder, que l'espion vieillissant de l'Inquisition cherche sur les seconds rayons des bibliothèques vénitiennes.

Les romans libertins ou pornographiques français, tels *Vénus dans le cloître, ou la Religieuse en chemise* ou *La Paysanne pervertie* de Rétif de La Bretonne, circulent à travers toute l'Europe. Ceux qui maîtrisent mal la langue regardent les planches : ces gravures libres constituent des manuels d'éducation sexuelle.

Le nocturne au clair de lune, durant le séjour à Constantinople, avec trois baigneuses qui s'exhibent et se caressent sous un balcon luxueusement aménagé, semble familier aux lecteurs des *Mille et Une Nuits*, dont la révélation par Antoine Galland date des années 1704-1717 et dont les imitations se sont multipliées au cours du siècle. Les amours avec C.C. et M.M., les nonnes de Murano, rappellent *Vénus dans le cloître* et autres *Religieuse en chemise*. C'est un épisode particulièrement long qui est comme un petit roman à l'intérieur des mémoires. Ces aventures au cours desquelles les amants doivent s'écrire incluent nombre de lettres qui laissent penser à un roman épistolaire en gestation. Casanova a-t-il conservé cette correspondance ou la reconstitue-t-il plutôt à l'aide de tous les romans par lettres qui forment le gros de la production du temps ? La description du casin de

l'abbé de Bernis s'apparente à *La Petite Maison* de Bastide ou à *Point de lendemain* de Vivant Denon où le détail des décors fait partie intégrante de l'intrigue. Et on retrouve dans bien des romans contemporains le schéma de l'aventure survenue à Soleure. Quant à l'épisode amer de la Charpillon à Londres, il n'est pas sans faire songer à *La Dernière Aventure d'un homme de quarante-cinq ans* de Rétif : Casanova n'en a pas quarante, mais il se laisse berner par une trop séduisante courtisane aussi cruellement que Rétif de La Bretonne.
Un roman souvent réédité au cours du siècle, *L'Infortuné Napolitain*, fait suivre les déboires d'un homme poursuivi par un destin contraire entre amours, prisons et impostures. Casanova nous entraîne dans des péripéties non moins romanesques que l'on a envie de nommer, malgré les hauts et les bas de l'existence, « Le Fortuné Vénitien ».

Un escalier de service doit permettre à Casanova d'accéder à l'appartement de la femme aimée. Un soir, il croit en profiter. En fait, une libertine sur le retour a su l'attirer sur un grand canapé dans le noir et se faire honorer par le libertin, qui se croit au comble de ses vœux avec sa maîtresse. Casanova conclut, ironique envers lui-même : « Je me tenais pour convaincu qu'entre toutes les conquêtes que j'avais faites celle-là était la première dont à juste titre je pouvais me glorifier » (VI, VI).

J'ai donc vu la vérité. Ça M.... l'avoit supplantée. Comment auroit elle fait ? Comment l'auroit elle su ? C'est ce qui dépend du raisonnement, et le raisonnement ne vient à la suite d'une idée qui opprime l'esprit que lorsque l'oppression a perdu la plus grande partie de sa force. Je me trouve donc dans l'affreuse certitude d'avoir passé deux heures avec un monstre sorti de l'enfer, et la pensée qui me tue c'est que je ne peux pas nier de m'être trouvé heureux. C'est ce que je ne peux pas me pardonner, car la différence d'une à l'autre étoit immense, et sujette au jugement infaillible de tous mes sens, dont cependant la vue, et l'ouïe ne pouvoient pas être de la partie. Mais cela ne suffit pas pour que je puisse me pardonner.

Dans *La Nuit de Varennes* (1982), Ettore Scola fait se croiser un événement historique, la fuite ratée de Louis XVI et de sa famille, et le destin de deux personnalités hors du commun, Rétif de La Bretonne, joué par Jean-Louis Barrault, et Casanova, interprété par Marcello Mastroianni. Tandis que le roi, cherchant à échapper à la Révolution, n'est plus qu'un symbole vidé de son sens, Rétif, le paysan monté à Paris et devenu écrivain, et Casanova, promu de son propre chef chevalier de Seingalt, font l'expérience de l'âge qui les condamne à l'imaginaire et à la création littéraire. Rétif en costume noir et Casanova dans ses tenues fanées (en bas) finissent par se ressembler, observant avec nostalgie l'histoire en train de tourner. Ettore Scola a eu l'idée de faire jouer le libertin vieillissant par Marcello Mastroianni, séducteur officiel du cinéma italien du moment, confronté à sa propre légende. Comencini présentait le Vénitien à l'aube de sa carrière, Scola le montre à son crépuscule.

La révolution de la vieillesse

Rédigée en français, nourrie de lectures romanesques, l'*Histoire de ma vie* n'existerait pas sans l'expérience de l'âge et de la Révolution. La disponibilité amoureuse, l'euphorie sensuelle sont celles d'un jeune homme en bonne santé sur lequel les véroles passent sans laisser de trace. Ses convives apprécient son solide appétit, ses maîtresses sont conquises par ses qualités physiques, les uns et les autres se laissent emporter par sa gaieté. Mais, l'âge venant, cette bonne humeur, toujours prête à l'amour et à la fête, cède

En 1615, deux vieillards anglais voient revenir leurs enfants disparus, bien des décennies plus tôt. Ce sont Édouard et Élisabeth qui avaient quitté Plymouth pour le cap Nord en 1533. Pris dans un tourbillon du cercle polaire, ils se retrouvent dans un monde à l'intérieur du globe, parmi une quantité étonnante d'êtres de toutes les couleurs. Le frère et la sœur se marient et procréent activement. Leur séjour sous terre leur évite le vieillissement : l'*Icosameron* est aussi une rêverie sur l'âge et le temps. L'auteur, en médaillon ci-dessous, accuse au contraire son âge.

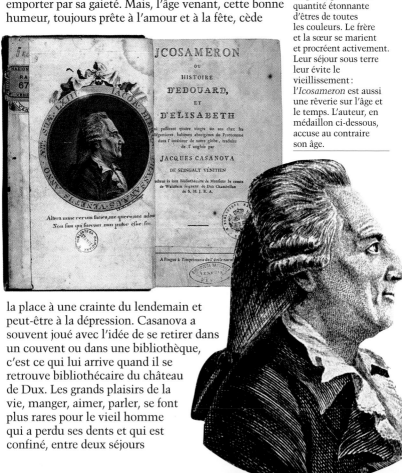

la place à une crainte du lendemain et peut-être à la dépression. Casanova a souvent joué avec l'idée de se retirer dans un couvent ou dans une bibliothèque, c'est ce qui lui arrive quand il se retrouve bibliothécaire du château de Dux. Les grands plaisirs de la vie, manger, aimer, parler, se font plus rares pour le vieil homme qui a perdu ses dents et qui est confiné, entre deux séjours du propriétaire et de ses invités, au milieu d'une population qui ne parle ni l'italien ni le français.

Il se lance dans de grands projets littéraires. Il achève et publie en français un long roman, l'*Icosameron, ou Vingt journées de récit d'un vieil Anglais qui a passé sa vie avec sa sœur et compagne chez un peuple mystérieux au cœur de la Terre*. D'où le sous-titre, long selon la mode du temps : *ou Histoire d'Édouard et d'Élisabeth qui passèrent quatre vingts un ans chez les Mégamicres, habitants aborigènes du Protocosme dans l'intérieur de notre globe*. Ce nom paradoxal de mégamicres fait penser aux *Voyages de Gulliver* de Swift, où le héros fait l'expérience de la relativité des tailles et des valeurs, et au *Micromégas* de Voltaire. La découverte de ce peuple qui ignore la différence des sexes et se reproduit en pondant des œufs, dans un monde à l'envers, doit-elle être interprétée comme une initiation ésotérique, comme l'expression de sourdes hantises ou relève-t-elle d'une simple fantaisie débridée ? Et que penser de l'inceste des deux héros, qui procréent et voient leur huitième génération avec quatre millions de descendants ?

La rêverie porte aussi sur le dilemme du temps immobile et du progrès qui ne va pas sans usure et vieillissement. On songe au roman de Rétif de La Bretonne, *La Découverte australe*, fondation d'une utopie, de l'autre côté du globe, et colonisation de races entre animalité et humanité. L'entreprise romanesque est ici de longue haleine, c'est la saisie rétrospective d'une vie entière. Le bibliothécaire de Dux met aussi en chantier d'ambitieux essais philosophiques qu'il n'achève pas et dont nous possédons les brouillons.

Parallèlement à la production de Casanova, Nicolas Edme Rétif de La Bretonne (ci-dessus), publie *La Découverte australe* (1781), qui raconte l'histoire d'un couple prolifique, fondant une société nouvelle sur le continent austral, et *Monsieur Nicolas, ou le Cœur humain dévoilé* (1794), histoire romancée de sa vie.

Souvenirs d'un monde disparu

Les nouvelles qui arrivent de Paris, la chute de
l'Ancien Régime et l'établissement de la république
en France, le remplacement du français, langue de
cour, par le jargon des clubs et des assemblées, se
superposent à l'amertume du reclus. C'est tout un
libertinage à l'ancienne qui s'efface. Casanova porte
témoignage sur une Europe disparue et prend plaisir
à revivre les aventures de sa jeunesse. Ses amis et
protecteurs ne sont pas souvent là, c'est pour eux
aussi qu'il rédige ses souvenirs. Il leur offre un long
récit excitant, amusant, surprenant, où il se met en
scène avec cynisme. Il possédait les notes prises sur
le vif et des correspondances conservées tout au
long de ses voyages. Mais sa mémoire, autrefois
si fidèle, ne lui « tient parole qu'après des grandes
sollicitations matérielles ». Il mêle au passé vécu un
passé rêvé, il organise ses mémoires pour en faire
une suite de petits romans, il les déploie depuis sa
prise de conscience lors de sa visite à la sorcière de
Murano, à huit ans, jusqu'au printemps 1774, à
Trieste lorsqu'il s'apprête à revenir dans sa patrie. Il
avait eu le projet de conduire son récit jusqu'à 1789,
mais le temps, l'énergie ou le goût lui ont manqué.

Le manuscrit de
l'*Histoire de ma vie*
est un texte de travail :
des passages sont
soigneusement biffés,
d'autres récrits dans
les interlignes,
certaines pages
découpées.

    Ses toutes premières années intéressent peu
Casanova, qui demeure de ce point de vue un homme
classique, ses dernières non plus,
qui n'ont plus de piment
romanesque. Il n'est pas
obsédé comme certains
de ses contemporains par
l'exhaustivité du « tout
dire ». Il reste fidèle aux
principes chevaleresques
qui interdisent de gêner
une femme, qui plus est,
une femme aimée. Beaucoup
de noms sont transformés ou
réduits à une initiale, comme
dans les romans
contemporains qui se
donnaient pour des documents

réels : les noms propres y étaient remplacés par des étoiles, sur le modèle des *Confessions du comte de* ***. Le détail des missions diplomatiques et financières pour le compte de la couronne de France n'est pas fourni ; les voyages et négociations pour des loges maçonniques sont totalement passés sous silence, par respect pour le serment fait au moment de l'initiation. Le manuscrit porte trace d'hésitations et de repentirs de l'écrivain.

Les aventures du manuscrit

En 1794, Casanova fait la connaissance du prince de Ligne, oncle du comte de Waldstein, propriétaire de Dux. Le prince véritable et le faux chevalier ont en commun de vivre difficilement l'âge et le bouleversement révolutionnaire. Ligne est engagé dans un projet parallèle de mémoires. Il souhaite lire le manuscrit de son nouvel ami, qui reprend et corrige son travail. Il en discute avec lui et lui propose de trouver un éditeur. Casanova a-t-il alors poursuivi son entreprise jusqu'en 1797, comme il l'inscrit sur la page de titre du manuscrit ? Il lègue en mourant au mari d'une de ses nièces un ensemble de textes, dont l'*Histoire de ma vie*, telle que nous la connaissons.

Ces papiers restent dans la famille jusqu'en 1820, date à laquelle ils sont vendus à l'éditeur Brockhaus

Le Vénitien Giandomenico Tiepolo peint *Le Nouveau Monde*, spectacle forain qui fascine les badauds, mais qui reste caché au spectateur de la fresque. Quel est cet horizon qui se dérobe ? Est-ce la fin de la Sérénissime, bientôt bradée à l'Autriche, la Révolution et la fin d'un art de vivre aristocratique, la Contre-Révolution et la réaction cléricale en Europe ? Le séjour de Casanova à Dux et le temps de rédaction de ses mémoires correspondent à la grande fracture qui transforme irréversiblement le continent.

à Leipzig. Celui-ci en tire une version allemande et épurée qui commence à paraître en 1822. La publication attire l'attention d'un libraire parisien, qui décide d'en publier une retraduction française (1825-1829) qui n'est pas sans faire penser à la première édition française du *Neveu de Rameau* de Diderot dans une retraduction de la version allemande de Goethe (1821). Un des traducteurs de Goethe travaille à cette édition d'après le texte allemand. Brockhaus ne veut pas manquer ce marché francophone et lance une édition du texte original qu'il croit devoir retoucher (1826-1838). Il confie ce travail de toilettage qui est une véritable normalisation linguistique et morale à un professeur de français en Allemagne, Laforgue, qui élimine ce qu'il juge être des italianismes, des indécences ou des complaisances trop marquées pour l'Ancien Régime. C'est ce texte manipulé par Laforgue qui est réédité et lu comme celui de Casanova durant un siècle et demi.

Un second libraire parisien, Paulin, s'intéresse à ces mémoires et profite de la nouvelle liberté de la presse à Paris après la révolution de 1830 pour mettre sur le marché une seconde édition pirate (1833-1837), qui reproduit le texte déjà publié par Brockhaus mais fournit pour les derniers volumes une version inédite, différente de celle que Brockhaus révélera seulement l'année suivante. Ces variantes ont fait penser à un second manuscrit du Vénitien sur les traces duquel les limiers se sont mis en chasse. Au terme de ce qu'il nomme « Biographie d'un manuscrit », qui tient du roman policier et de la bibliographie érudite, le grand casanoviste actuel Helmut Watzlawick conclut à l'inexistence de ce second autographe qui faisait tant rêver les casanovistes les plus romanesques.

En 1944, les manuscrits de Diderot ont miraculeusement réchappé des bombardements alliés en Normandie, et en 1945, ceux de Casanova de la destruction de Leipzig. Lorsque l'Europe se remet de la guerre, elle publie enfin les inédits de Diderot et le vrai texte de l'*Histoire de ma vie*, paru dans une coédition de Brockhaus et Plon, de 1960 à 1962.

Le public francophone des années 1820-1830 découvre le monde de Casanova. Stendhal y voit un précieux document sur « l'état véritable des sociétés » (*New Monthly Magazine*, 1826), Musset un monument élevé à la gloire de « l'activité, la vigueur, l'inventivité, l'intrépidité » d'un homme qui n'a jamais hésité, « un homme du Midi » dans le cœur duquel l'amour devient une plante étrange (*Le Temps*, 1831). À droite, le manuscrit photographié chez son propriétaire allemand Brockhaus dans les années 1960 ; p. 96, le cartonnage du volume 1, aujourd'hui à la Bibliothèque nationale de France.

Et H. Watzlawick de conclure : « Le destin bienveillant qui a su protéger la vieillesse du Vénitien, en lui offrant un havre de tranquillité pour la rédaction de son grand ouvrage, a semble-t-il aussi protégé ces frêles pages qui contiennent les plus beaux et les plus sincères mémoires du siècle des Lumières. »

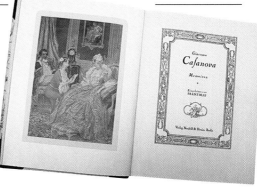

L'histoire n'était pourtant pas achevée. La rare qualité de l'édition Plon-Brockhaus ne comblait pas les lecteurs qui voulaient connaître les ratures de l'autographe et y débusquer de nouveaux aveux. Un nouveau chapitre de l'histoire du casanovisme s'ouvre avec l'achat par la Bibliothèque nationale de France de l'ensemble manuscrit de Brockhaus, à la fin de 2010, deux cent douze ans après la disparition du mémorialiste. Cette arrivée posthume à Paris aurait-elle comblé celui qui avait espéré s'installer au bord de la Seine et qui avait choisi d'écrire en français ? Une édition critique devient en tout cas possible, qui fera mieux comprendre l'aventurier, sans pourtant jamais épuiser les ressources romanesques de son existence. Sa vie s'est déroulée entre réalité et invention, sa postérité s'est étendue entre un texte, toujours mieux connu, et un mythe, toujours déplacé, toujours renouvelé.

Les traductions se succèdent dans toutes les langues européennes, et les interprétations les plus fantaisistes des illustrateurs (ici la scène avec Mme d'Urfé), tandis que réapparaissent en 1960 la réalité du manuscrit et le texte authentique du mémorialiste.

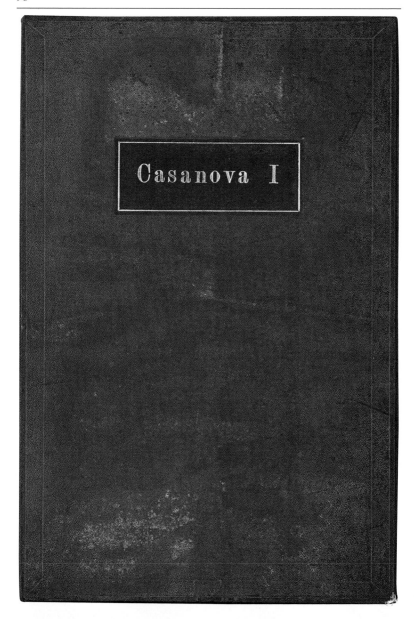

TÉMOIGNAGES
ET DOCUMENTS

Trais attributs de l'Immortalité,
Son esprit nous surprend, sa beauté n'nous enchante.
Elise est la Divinité
Qui nous fait oublier ce qu'elle represente.

Fait à Dux en Bohême
ce 16 May 1797
545

Casanova

Portraits

Simple séducteur pour l'homme de la rue, Casanova apparaît comme un personnage complexe, au hasard des portraits qu'ont laissés de lui ses contemporains et la postérité. L'espion de l'Inquisition le dénonce comme un personnage dangereux, le prince de Ligne le salue comme un homme du peuple, susceptible de grandes qualités et de non moins grands défauts. C'est un aventurier aux yeux de Lorenzo Da Ponte, un homme qui suit la Fortune à ses propres yeux, un fantaisiste pour Musset, un joyeux drille et prince des amours heureuses pour Apollinaire.

Portrait par un espion

J'ai réussi à savoir par Don Gio Batta Zini, de l'église San Samuel que Giacomo Casanova, en dehors de ses nombreuses amitiés avec de Nobles Patriciens, s'entend avec quelques-uns d'entre eux pour introduire des étrangers au jeu et leur prendre leur argent. On sait par la voix publique que Casanova a l'art de tricher. Ledit Casanova fait croire qu'il ne mourra pas, mais que tout doucement il sera transporté par Fra Bernardo, qui viendra le prendre pour le conduire, par la Voie Lactée dans la région des Adeptes où réside Legismark. Avec ces impostures diaboliques des Rose-Croix, des Anges de la Lumière, il exerce une certaine influence sur des personnes – comme il le fit avec N. H. Ser Zuanne Bragadin et d'autres Nobles Patriciens – pour leur soutirer de l'argent.

Ledit Casanova professe les maximes d'Épicure. Par ses impostures et ses bavardages il entraîne les gens dans un libertinage total et dans toutes sortes de plaisirs. Il cultive de nouveau N. H.

Bragadin, espérant, si possible, lui manger le reste de son bien. Beaucoup de Nobles Patriciens qui estiment son talent viennent le seconder.

Il est étonnant qu'il ne lui soit encore rien arrivé de fâcheux dans ses fréquentations si confiantes avec de Nobles Patriciens à qui il enseigne certaines maximes qui constituent ouvertement un schisme, car si quelques-uns d'entre eux venaient à parler, il lui en cuirait.

Muni de ces renseignements, j'ai obtenu de Casanova qu'il discutât avec moi à propos de ces dites maximes. Il m'a confié qu'il était parvenu à s'insinuer auprès du Duc Grillo, qui fréquente la boutique d'Eaux « Al Buso » ; qu'il lui a tenu quelques discours de ce genre dans le but de l'amener peu à peu à la chimie, lui faisant croire qu'il savait composer la poudre universelle et le persuadant ensuite qu'il ne mourrait pas, mais qu'il passerait doucement chez les Adeptes ; que par les ripostes qu'il a eues de Grillo sur un certain nombre de points, il voit que l'entreprise sera difficile, celui-ci ayant réfuté ses principes ; que, par contre, il sera capable de lui faire dépenser une fortune, qui rentrerait tout entière dans son escarcelle, sans que Grillo s'en aperçoive.

Il m'a dit encore qu'il avait réussi à influencer d'autres personnes, notamment Ser Zuanne Bragadin ; qu'étant donné l'étroite amitié qui les liait, il y a environ sept ans, on avait fait courir le bruit, dans ce pays, qu'ils s'entretenaient tous deux avec les esprits, et que Bragadin, ayant reçu l'avis que cette affaire avait été soumise au Grand Tribunal, dut s'absenter de Venise pour éviter la détention ou l'exil.

Ledit Casanova se vante ouvertement de tricher au jeu, d'être un esprit fort, de ne rien croire en matière de religion et d'avoir toute la souplesse voulue pour s'insinuer près des gens et les tromper. Il dit que, dans le passé, il a été bien des fois sur le point d'aller de l'avant sans se soucier de la Justice, mais que maintenant il opère avec une prudente réserve, parce qu'en ce pays on ne peut parler ni du Gouvernement ni de la Religion sans courir un grand risque. Cependant il proteste ne rien croire de notre religion, comme n'y croient pas davantage certains Nobles Patriciens qu'il connaît.

G. B. Manuzzi, 17 juillet 1755,
in Giovanni Comisso,
Les Agents secrets de Venise,
Le Promeneur, 1990

Portrait par le prince de Ligne

Ce serait un bien bel homme, s'il n'était pas laid ; il est grand, bâti en hercule ; mais un teint africain, des yeux vifs, pleins d'esprit à la vérité, mais qui annoncent toujours la susceptibilité, l'inquiétude ou la rancune, lui donnent un peu l'air féroce, plus facile à être mis en colère qu'en gaieté. Il rit peu, mais il fait rire ; il a une manière de dire les choses qui tient de l'Arlequin balourd et du Figaro, et le rend très plaisant. Il n'y a que les choses qu'il prétend savoir, qu'il ne sait pas : les règles de la danse, de la langue française, du goût, de l'usage du monde et du savoir-vivre. Il n'y a que ses comédies qui ne soient pas comiques ; il n'y a que ses ouvrages philosophiques où il n'y ait point de philosophie : tous les autres en sont remplis ; il y a toujours du trait, du neuf, du piquant et du profond. C'est un puits de science ; mais il cite si souvent Homère et Horace que c'est de quoi en dégoûter. Sa tournure d'esprit et ses saillies sont un extrait de sel attique. Il est sensible et reconnaissant ; mais pour peu qu'on lui déplaise, il est méchant, hargneux et détestable. Un million qu'on lui donnerait ne rachèterait pas une petite plaisanterie qu'on lui aurait faite. Son style ressemble à celui des anciennes préfaces : il est long, diffus et lourd ; mais s'il a quelque chose à raconter, comme, par exemple, ses aventures, il y met une telle originalité, naïveté, espèce de genre dramatique pour mettre tout en action, qu'on ne saurait trop l'admirer, et que sans le savoir il est supérieur à *Gil Blas* et au *Diable boiteux*. Il ne croit à rien, excepté ce qui est le moins croyable, étant superstitieux sur tout plein d'objets. Heureusement qu'il a de l'honneur et de la délicatesse, car avec sa phrase : je l'ai promis à Dieu ou bien : Dieu le veut, il n'y a pas de chose dans le monde qu'il ne fût capable de faire : il aime, il convoite tout et, après avoir eu de tout, il sait se passer de tout. Les femmes et les petites filles surtout sont dans sa tête, mais elles ne peuvent plus en sortir pour en passer ailleurs. Cela le fâche, cela le met en colère contre le beau sexe, contre lui, contre le ciel, la nature et l'année 1742.

Il se venge de tout cela contre tout ce qui est mangeable et potable ; ne pouvant plus être un dieu dans les jardins, un satyre dans les forêts, c'est un loup à table ; il ne fait grâce à rien, commence gaiement et finit tristement, désolé de ne pouvoir plus recommencer. S'il a profité quelquefois de sa supériorité sur quelques bêtes, en hommes et en femmes, pour faire fortune, c'était pour rendre heureux ce qui l'entourait. Au milieu des plus grands désordres de la jeunesse la plus orageuse et de la carrière des aventures, quelquefois un peu équivoques, il a montré de l'honneur, de la délicatesse et du courage. Il est fier, parce qu'il n'est rien et qu'il n'a rien. Rentier, ou financier, ou grand seigneur, il aurait été peut-être facile à vivre ; mais qu'on ne le contrarie point, surtout que l'on ne rie point, mais qu'on le lise ou qu'on l'écoute, car son amour-propre est toujours sous les armes ; ne lui dites jamais que vous savez l'histoire qu'il va vous conter ; ayez l'air de l'entendre pour la première fois. Ne manquez pas de lui faire la révérence, car un rien vous en fera un ennemi : sa prodigieuse imagination, la vivacité de son pays, ses voyages, tous les métiers qu'il a faits, sa fermeté dans l'absence de tous ses biens moraux et physiques, en font un homme rare, précieux à rencontrer, digne même de considération et de beaucoup d'amitié de la part du très petit nombre de personnes qui trouvent grâce devant lui.

Prince de Ligne, « Aventuros »,
in *Pensées, portraits et lettres à Casanova,*
Éditions Rivages, 2002

Casanova par Lorenzo Da Ponte

Les passions étaient vives chez lui et ses vices nombreux. Pour satisfaire les unes et les autres, il lui fallait beaucoup d'argent. Lorsqu'il était à court, tous les moyens lui semblaient bons pour s'en procurer. Un jour, plus au dépourvu encore que de coutume, il fut présenté à une vieille dame richissime qui, bien qu'approchant de soixante ans, passait pour aimer les beaux garçons. Mis au fait de cette faiblesse, Casanova commença à roucouler auprès d'elle et à l'entourer de mille petits soins, puis il en arriva à une déclaration. Mais la dame voyant tous les jours dans son trop fidèle miroir les rides se multiplier sur son front, et craignant que les beaux yeux de sa cassette ne fussent le plus grand attrait de sa personne, résistait impitoyablement. Il vint alors à Casanova l'idée de lui confier comme un grand secret qu'il possédait l'art de rajeunir et de rendre à la femme la plus décrépite l'éclat de ses quinze ans. Il offrit de lui en donner la preuve irrécusable. La dame, émerveillée, accueillit la confidence avec une joie indicible, et voulut en faire l'expérience. Immédiatement, sans perdre une minute, Casanova se rendit chez une gentille courtisane, à qui il promit une somme assez forte si la comédie qu'elle devait jouer réussissait. Il la grima et la fagota de façon à la rendre méconnaissable, puis la conduisit chez la dame, à laquelle il avait, par précaution, recommandé d'éloigner ses gens. Il lui présenta son sujet, qui démontrait pas moins de soixante-dix ans, et, murmurant quelques mots inintelligibles, il tira de sa poche une fiole dont il lui fit boire le contenu ; à son dire, c'était un philtre merveilleux qui devait opérer la grande métamorphose ; il fit étendre la prétendue vieille sur un sofa, la recouvrit d'un drap noir qui lui laissait la faculté de se dépouiller de son déguisement ; quelques minutes après, elle sauta légèrement au milieu de la chambre, se montrant, aux yeux ébahis de la dame, dans tout l'éclat de sa jeunesse. La stupéfaction de cette dernière est plus facile à comprendre qu'à exprimer. Elle embrassait, étreignait la jeune fille dans ses bras, l'accablait de questions auxquelles celle-ci répondait avec finesse. Casanova, redoutant une plus ample explication, coupa court à cet entretien en se hâtant d'entraîner la jeune femme hors de la maison. De retour chez la dame, il la trouva dans un enthousiasme fébrile. Elle lui sauta au cou, avec des démonstrations de véritable bacchante et, ouvrant devant lui une armoire, elle lui montra de l'or et des diamants, l'assurant que ces trésors étaient inséparables de sa main s'il parvenait à la rajeunir elle-même. Casanova, qui avait tout disposé pour cette conclusion, se mit en devoir d'opérer le miracle, ce à quoi consentit l'imprudente. Le sorcier lui fit boire jusqu'à la dernière goutte de la liqueur qui, cette fois, n'était point un breuvage inoffensif, mais à laquelle il avait mêlé une forte dose de laudanum ; il la fit étendre sur le même sofa, prononça les mêmes incantations et la couvrit du même drap. Sous l'action de ce narcotique, elle ne tarda point à s'endormir profondément. Alors, la laissant ronfler à son aise, il courut à l'armoire qu'il fractura, s'empara de la cassette qui contenait les bijoux, éteignit les lumières, et, chargé d'or et de bijoux, courut retrouver dans la rue son domestique, Gioachino Costa, depuis longtemps à son service, et qu'il traitait en camarade, en ami. Comme il avait pleine confiance en cet homme, il lui remit cette cassette, et lui désigna une hôtellerie où ils devaient se retrouver, à dix ou douze miles de Paris.

On dit que les voleurs ont quelquefois des moments où leur parole leur semble sacrée, et qu'ils se feraient scrupule d'y manquer. Cela doit être, puisque Casanova, qui n'avait pas reculé devant une action aussi infâme envers une femme sans défiance, se crut tenu de porter à la courtisane, sa complice, les cinquante louis qu'il lui avait promis. Il lui conta, tout en joie, le succès de sa farce.

Lorenzo Da Ponte,
Mémoires,
troisième partie (1792-1805)

Casanova par lui-même

Ma mère me mit au monde à Venise, le 2 d'avril, jour de Pâques de l'an 1725. Elle eut la veille une grosse envie d'écrevisses. Je les aime beaucoup.

Au baptême on m'a nommé Jacques Jérôme. Je fus imbécile jusqu'à huit ans et demi. Après une hémorragie de trois mois on m'a envoyé à Padoue, où guéri de l'imbécillité je me suis adonné à l'étude, et à l'âge de seize ans on m'a fait docteur, et on m'a donné l'habit de prêtre pour aller faire ma fortune à Rome.

À Rome la fille de mon maître de langue française fut la cause que le cardinal Acquaviva mon patron me donna congé.

Âgé de 18 ans je suis entré dans le militaire au service de ma patrie, et je suis allé à Constantinople. Deux ans après étant retourné à Venise, j'ai quitté le métier de l'honneur, et prenant le mors aux dents j'ai embrassé le vil métier de joueur de violon ; j'ai fait horreur à mes amis ; mais cela n'a pas duré longtemps. À l'âge de 21 ans un des premiers seigneurs de Venise m'adopta pour fils, et étant assez riche je suis allé voir l'Italie, la France, l'Allemagne et Vienne où j'ai connu le comte allemand Roggendorff. Je suis retourné à Venise où deux ans après les inquisiteurs d'État vénitiens par raisons justes et sages me firent enfermer *sous les plombs*.

C'est une prison d'État d'où personne n'a jamais pu se sauver ; mais moi, avec l'aide de Dieu, j'ai pris la fuite au bout de quinze mois, et je suis allé à Paris.

En deux ans j'y ai fait de si bonnes affaires que je suis devenu riche d'un million ; mais j'y ai fait tout de même banqueroute. Je suis allé faire de l'argent en Hollande, puis je suis allé essuyer des malheurs à Stuttgart, puis des bonheurs en Suisse, puis chez Monsieur de Voltaire, puis des aventures à Marseille, à Gênes, à Florence et à Rome où le pape Rezzonico vénitien me fit chevalier de S. F. Laterano, et protonotaire apostolique. Ce fut l'an 1760.

Bonne fortune à Naples dans la même année. À Florence j'ai enlevé une fille et l'année suivante je suis allé au congrès d'Augsbourg chargé d'une commission du roi de Portugal. Le congrès ne s'y tint pas, et après la publication de la paix je suis passé en Angleterre d'où un grand malheur me fit sortir l'année suivante 1764. J'ai évité la potence, qui cependant ne m'aurait pas déshonoré. On ne m'aurait que pendu.

Dans cette même année, j'ai cherché en vain fortune à Berlin et à Pétersbourg ; mais je l'ai trouvée à Varsovie dans l'année suivante. Neuf mois après je l'ai perdue pour m'être battu en duel avec le Général Branicki au pistolet. Je lui ai percé le ventre, mais en trois mois il guérit, et j'en fus bien aise. C'est un brave homme.

Obligé à quitter la Pologne, je suis allé à Paris l'an 1767, où une lettre de cachet m'a fait décamper, et aller en Espagne où j'ai eu des grands malheurs. À la fin de l'an 1768 on m'enferma dans le fond de la tour de la citadelle de Barcelone d'où je suis sorti au bout de six semaines et exilé d'Espagne. Mon crime fut mes visites nocturnes à la maîtresse du vice-roi, grande scélérate. Aux confins

d'Espagne j'ai échappé aux sicaires, et je suis allé faire une maladie à Aix-en-Provence, qui me mit au bord du tombeau après dix-huit jours de crachement de sang.

L'an 1769 j'ai publié en Suisse ma défense du gouvernement de Venise en trois gros volumes contre Amelot de la Houssaye. L'année suivante le ministre d'Angleterre à la cour de Turin m'envoya à Livourne bien recommandé. Je voulais aller à Constantinople avec la flotte russe, mais l'amiral Orlow ne m'ayant pas accordé les conditions que je voulais, j'ai rebroussé chemin, et je suis allé à Rome, sous le pontificat de Ganganelli.

Un amour heureux me fit quitter Rome pour aller à Naples, et trois mois après un autre amour malheureux me fit retourner à Rome. Je me suis battu pour la troisième fois à l'épée avec le comte Medini, qui mourut il y a quatre ans à Londres en prison pour dettes.

Ayant beaucoup d'argent je suis allé à Florence, où le jour de la fête de Noël l'archiduc Léopold, mort empereur il y a quatre ou cinq ans, m'exila de ses États sous trois jours. J'avais une maîtresse qui par mon conseil devint marquise de *** à Bologne.

Las de courir l'Europe je me suis déterminé à solliciter ma grâce auprès des inquisiteurs d'État vénitiens. Par cette raison je suis allé m'établir à Trieste, où deux ans après je l'ai obtenue.

Ce fut le 14 septembre de 1774. Mon entrée à Venise au bout de 19 ans me fit jouir du plus beau moment de ma vie.

L'an 1782 je me suis brouillé avec tout le corps de la noblesse vénitienne. Au commencement de 1783 j'ai quitté volontairement l'ingrate patrie et je suis allé à Vienne. Six mois après je suis allé à Paris avec intention de m'y établir, mais mon frère, qui y demeurait depuis 26 ans, me fit oublier mes intérêts pour les siens. Je l'ai délivré des mains de sa femme, et je l'ai mené à Vienne où le prince Kaunitz sut l'engager à s'y établir. Il y est encore, moins vieux que moi de deux ans.

Je me suis placé au service de Monsieur Foscarini, ambassadeur de Venise, pour lui écrire la dépêche. Deux ans après il mourut entre mes bras tué par la goutte qui lui monta à la poitrine. J'ai alors pris le parti d'aller à Berlin espérant une place à l'Académie ; mais à moitié chemin le comte de Waldstein m'arrêta à Toeplitz, et me conduisit à Dux, où je suis encore, et où selon l'apparence je mourrai.

C'est le seul précis de ma vie que j'ai écrit, et je permets qu'on en fasse tel usage qu'on voudra.

Non erubesco evangelium.
[Je ne rougis pas de l'Évangile]
Ce 17 novembre 1797.

Giacomo Casanova,
« Précis de ma vie »,
(Archives de Dux)

Musset

Jacques Casanova, Vénitien, vécut en Europe dans le XVIIIe siècle. Le docteur Gall eût trouvé sur son crâne quelques-unes des bosses qui distinguaient le cerveau de l'empereur. L'activité, la vigueur, l'invention, l'intrépidité étaient ses éléments. Non seulement jamais il n'hésita, mais jamais il ne pensa qu'il pût hésiter. Malheureusement, né sur un échelon trop bas, il ne lutta avec la fortune que dans des circonstances trop petites, et ne fut jamais qu'un particulier. Une qualité qui lui manqua en fut peut-être l'unique cause, l'esprit de conduite. D'ailleurs, sans dignité, aujourd'hui officier, demain séminariste,

après-demain joueur de violon, qu'aurait-il fait, s'il avait su résister à sa fantaisie ? Malgré tout, c'est le premier des aventuriers.

Alfred de Musset,
compte rendu des Mémoires
dans *Le Temps* du 20 mars 1831

Apollinaire

Je suis Casanova
L'amant joyeux et tendre
Je dis à l'Amour : « va »,
Il va sans plus attendre
Cueillir le cœur des belles
J'en ai des ribambelles…

De l'Amour triste et nu
J'ai fait un joyeux drille.
Je n'attaque pas la vertu
Je ne trouble pas la famille

J'aime légèrement.
Si je suis parfois infidèle
Ce n'est que rarement
Que je fais pleurer une belle.

Don Juan
Était tragique et triste
Ainsi qu'un chat-huant.
Longue est la liste
De celles qui moururent pour lui.

Mais moi je ne fais pas de victime
Je suis le plaisir et non l'ennui
Je commets des péchés, non des
crimes.
Je suis gai, tendre et charmant
Je suis le meilleur des amants
Car j'aime légèrement.

Guillaume Apollinaire,
Casanova, comédie parodique, 1918,
publication posthume en 1952,
in *Œuvres poétiques*,
Gallimard, Bibliothèque
de la Pléiade, 1965

Le polygraphe

On est fasciné par les Mémoires de Casanova, mais son goût d'écrire s'est exercé dans tous les domaines et dans tous les styles. Il adapte une épopée d'Homère aussi bien qu'une comédie de Voltaire ou un roman de Mme de Tencin. Il se lance dans un long récit qui fait découvrir à un frère et une sœur, tranquillement incestueux, un monde, au cœur du globe terrestre, qui est l'envers de notre réalité et qui semble s'être débarrassé de la sexualité. Il intervient dans les querelles scientifiques aussi bien que linguistiques.

L'Icosameron

Le Mégamicre ne devient à part du mystère de l'union avec son inséparable que peu d'heures après qu'il est sorti de sa cage, qu'on regarde comme le premier moment qu'il entre dans le monde : amoureux comme il est, il y attache la plus grande importance, et cette importance est augmentée par la solennité du serment qu'on lui fait prêter. Il s'agit de n'en jamais parler à personne. À qui pourrait-il en parler ? Il n'y a point de Mégamicre qui soit sans inséparable : il ne peut donc pas être tenté du plaisir de dire à quelqu'un quelque chose de nouveau et ne peut pas penser à commettre une indiscrétion qui le constituerait parjure

Actuellement, milords, il faut que je vous informe de ce que c'est qu'un couple mégamicrique. Ce sont deux individus engendrés dans le même instant et nés dans un autre même instant, faits pour passer ensemble toute leur vie et pour mourir dans le même moment tous les deux, et chacun des deux fut engendré et né du même couple qui fut engendré et né tout comme ils furent engendrés et naquirent eux-mêmes. Cette définition peut vous paraître énigmatique, et il faut que je vous l'explique.

Giacomo Casanova,
Icosameron,
« Quatrième journée », 1788

Le choix du français

[…] la française n'étant point ma langue, je n'ai nulle prétention. Et à tort et à travers, je couche sur le papier tout ce que le ciel fait sortir de ma plume ; si cependant on m'attaquait, je me défendrais. J'enfante des phrases tournées à l'italienne, ou pour voir quelle figure elles font, ou pour en faire naître la mode, et souvent aussi pour attirer dans le piège quelque puriste, docte critique qui, ne connaissant pas de quelle humeur je suis, bien loin de me fâcher, m'amuserait.

Si les écrivains modernes de ce pays sont persuadés qu'une pensée habillée à la française devient plus brillante, et embellit une dissertation italienne, pourquoi, à mon tour, ne pourrais-je croire qu'un peu de construction italienne pourrait donner un beau vernis à un discours français ? Rameau, fameux maître de chapelle, fit pleurer de désespoir les lullistes, lorsqu'il mêla des morceaux italiens à la mélodie française. Il triompha.

Si la langue mignonne dont je me sers pour vêtir les babioles que mon *Messager* débite, ne les rend pas plus obscures de ce qu'elles sont dans mon pauvre entendement, je suis content : je n'aspire pas à la perspicacité, la clarté me suffit. Un Français, qui m'annonce de l'esprit, militaire, ou ex, car je ne le connais pas, a dit, dit-on, qu'il est juste que j'écrive du français italien, puisque j'écris de l'italien français. Le charmant homme ! C'est un bon mot, et un bon mot prend toujours, n'importe qu'il donne souvent dans le faux. Le diseur en est un Bordelais, dont le jargon doit être délicieux. Les Gascons peuvent écrire très bien leur langue, aussi bien que les Vénitiens l'italienne ; mais ils la parlent comme il plaît au Seigneur. Que de grâce dans leur baragouin ! Eh bien ! il ne faut pas disputer des goûts ; la jolie figure d'une brune de douze ans, qui à huit heures du matin ne s'est pas encore débarbouillée, m'offre plus de charmes que celle d'une coquette restée pendant deux heures à consulter son miroir. Le moindre petit conte assaisonné avec le savoureux accent de la Garonne devient intéressant. *Ces comédiens* (dirait un Bordelais) *me plaisent assez ; ils* FONT *très bien la comédie, mais je les* REGRETTE *; j'y* ALLA *avans yer, mais n'y ai pas vu* DE *monde ; je n'aime pas les* ESPÉTACLES *déserts.*

Giacomo Casanova,
dans *Le Messager de Thalie*,
n° IV, 1780

De la pudeur féminine

C'est Dieu qui a donné aux femmes, tout comme il l'a donnée aux hommes, cette pudeur, en tant qu'elle nous inspire la honte du mal ; mais celle qui provient de la nudité est d'une autre sorte, et principalement chez la femme en qui elle réside : elle tire son origine de l'éducation, des longs vêtements, de la jalousie des hommes et de ces vieilles maximes, de ces vieux préceptes dont elles sont abreuvées avec le lait qu'elles sucent. C'est de cette sorte de honte dont, après Hérodote, nous parle St. Cyprien, quand il dit : « *Simul cum amictu corporis pudor ponitur.* » Là n'est pas la vraie pudeur, mais plutôt la crainte, dont la pudeur n'est qu'un aspect. Socrate disait : « *Ubicumque pudor ibi & timor ; neque tamen viceversa ubicumque timor ibi etiam pudor : amplior enim, ut arbitror, est timoris quam pudoris natura[1].* »

Les habitants d'Élide avaient établi une loi d'après laquelle les femmes ne pouvaient assister aux jeux Olympiques, et cela parce que les athlètes s'affrontaient nus. Il n'était même pas permis à une femme, pendant ces journées, de passer l'Alphée, sous peine d'être jetée du haut d'un immense rocher : la crainte mettait un frein à la pudeur. Mais lorsque la soumission à l'habitude a enlevé aux femmes le préjugé, elles se sont détachées de toute idée de pudeur avec plus de force que ne s'en détache l'homme lui-même. On ne peut dire que cela provient de la constitution physique interne ou externe propre aux femmes, puisque telle d'entre elles, élevée sous un certain climat, pense d'une façon alors que sous un autre elle penserait de façon toute différente.

À Paris, par exemple, ces gamines, qui étaient pudiques au couvent, cessent de l'être dès qu'elles sont mariées, à tel point que, lorsqu'elles sont enceintes, elles ne veulent pas entendre parler d'une sage-femme, mais elles veulent être soignées par des hommes, et il ne semble pas qu'elles éprouvent la moindre répugnance à se faire visiter. De même les femmes russes, qui gardent leur pudeur chez elles, n'en ont plus là moindre idée au bain, où elles se dépouillent complètement en présence de quiconque s'y trouve.

Si la pudeur et la répugnance à découvrir leurs parties secrètes, que l'on attribue aux femmes, dépendaient des mouvements, des vapeurs, des humeurs, ou de la force d'une pensée éveillée, ou immédiatement suscitée par les entrailles, elle serait permanente, ou elle varierait sans qu'un observateur pût en découvrir la cause morale ; mais nous constatons le contraire. Elle est pour ainsi dire factice, artificielle, et produite par des notions acquises, tandis que celle qu'inspire la honte du mal est aussi naturelle à l'homme qu'à la femme ; on ne peut donc y reconnaître l'influence extraordinaire de l'*utérus*.

Néanmoins, je déciderai que la pudeur est un sentiment vertueux, naturel ou acquis, et que c'est un indice très favorable à la femme que celui de la rougeur. Certains voudront croire que la rougeur de la femme ne provient pas d'une source pure ; ils constatent le fort dépit qu'elle éprouve quand elle est prise sur le fait à rougir et que cette couleur lui inondant le visage attire les regards de tout le monde ; mais il est manifeste que ce dépit naît plutôt de l'apparition importune de ce phénomène : elle révèle, en effet, sa science sur un point où elle ne se soucie pas qu'on la croie savante ; et ainsi elle est trahie plus qu'elle ne voudrait par ce signe manifeste, dont le principe

vertueux peut être révoqué en doute par des gens malicieux.

Aurait-il pu soutenir par hasard qu'elles proviennent de l'*utérus*, ces inclinations dont témoignent généralement les femmes pour le luxe et les parures ? Elles les eurent de tout temps, et saint Jérôme appelle leur sexe *Philocosmon* (qui aime la parure). Mais n'est-ce pas nous-mêmes qui faisons naître chez les femmes cette grande passion pour la coquetterie ? Il semble que le bonheur terrestre de la femme dépend de sa façon de plaire aux hommes. Ce n'est donc pas par la constitution de son *utérus*, mais par une logique très éloignée du sophisme, que la femme emploie toute sa science à se parer pour acquérir ainsi plus de moyens de nous plaire. Et voici donc leur dialectique meilleure que la nôtre, et que celle de l'auteur des *Di geniali*, d'après lequel trois fois trois font huit. Avec son raisonnement il ne prouve rien de ce qu'il prétendait prouver, et il nous prouve ce qu'il n'aurait pas voulu nous prouver.

Giacomo Casanova, *Lana Caprina,*
Lettre d'un lycanthrope, Bologne 1772,
trad. Roberto Poma,
Éd. Honoré Champion, 1999

1. Partout où l'on trouve de la pudeur, on trouve aussi la crainte. Mais il n'est pas vrai de dire inversement que partout où la crainte existe la pudeur existe aussi. Il me semble que la nature de la crainte est plus étendue que celle de la pudeur.

Casanova espion

Enquête sur Agostino Del Ben

Moi, Giacomo Casanova, serviteur et sujet de Vos Excellences, informe celles-ci qu'à la suite des ordres reçus, j'ai trouvé le moyen de m'introduire chez

Agostino Del Ben et de jeter les bases d'une amitié confiante au cours de deux entretiens.

Il m'a appris de lui-même qu'il se rendrait dans les États pontificaux d'ici deux mois, pour affaires personnelles. J'essaierai de connaître la nature de ces dernières et soumettrai très humblement mes découvertes et mes conjectures à la sagacité de Vos Excellences, et je me considérerai heureux si je parvenais à donner à un Tribunal que je vénère un gage appréciable d'adresse, d'obéissance et de fidélité.

J'ai accepté son invitation à déjeuner, puisqu'il est à présent de mon devoir d'étudier non seulement ses déplacements, mais également ses pensées.

J'invoque votre clémence souveraine et votre indulgence pour mes faibles capacités, compensées par un zèle fervent.

> Giacomo Casanova.
> in Giovanni Comisso,
> *Les Agents secrets de Venise*,
> Le Promeneur, 1990

Casanova dresse une liste de livres impies ou licencieux

Dans l'obligation où je suis de dénoncer à VV. EE. où se trouvent les livres licencieux, je dois respectueusement vous faire observer que si l'on ne m'indique pas les titres de ces ouvrages ou tout au moins leurs auteurs connus, je cours le risque de placer sous les yeux de VV. EE. trop de livres et trop de possesseurs de ceux-ci, non seulement parmi les libraires, mais parmi toutes sortes de personnes civiles et de patriciens, dont la majeure partie les conserve pour leur curiosité personnelle, persuadés que leur moralité n'en peut souffrir aucune atteinte, puisqu'ils possèdent suffisamment de lumière et une solide intelligence.

Obéissant cependant à votre Vénéré Commandement, je dirai d'une manière générale que l'on trouve dans toutes les mains et aussi chez les libraires les œuvres de Voltaire, production impie, [...].

On trouve aussi en grande quantité et entre beaucoup de mains de nombreux livres dont on ne peut dire qu'ils soient impies, puisqu'ils ne se mêlent pas des dogmes, mais très mauvais puisque, par un libertinage effréné, ils semblent avoir été écrits précisément pour exciter, au moyen d'histoires voluptueuses, lubriquement écrites, les mauvaises passions engourdies et languissantes. Ces livres, bien que leur but de soit pas de se moquer de la religion, sont dignes du feu auquel ils ont déjà été condamnés dès leur origine. [...] Voici les titres de certains de ces livres : *le Portier de Certosini*, *le Philotane*, *la Religieuse en chemise*, *Nocrion*, *le Procès du P. Girard et de la Cadière*, *Marguerite la ravaudeuse*, etc. Ceux qui les possèdent les ont eus par des libraires qui les leur ont vendus clandestinement, ou sont venus directement d'au-delà des monts, et ces amateurs pourraient maintenant en avoir facilement par la voie de Trieste, puisqu'on en trouve à Vienne en quantité depuis que Sa Majesté l'Empereur a cru bon de freiner les rigueurs de la censure par des mesures trop clémentes.

> Giacomo Casanova,
> 22 décembre 1781,
> *ibid.*

L'amour de Paul et Virginie

L'amour cependant est la passion favorite de M. de Saint-Pierre elle est l'âme de la nature : bien entendu

qu'il veut en séparer le physique.
C'est une pensée du fabuleux amour
qu'on appelle platonique. J.J. Rousseau
toujours admirable apostropha l'homme,
en lui disant homme si tu désires de jouir
de l'objet que tu aimes, saches que tu
ne l'aimes pas. Les profonds ont admiré,
et applaudi cette divine pensée : il faut
être animal disent-ils pour ne pas
la trouver vraie. Il faut être un animal,
je réponds, pour ne pas comprendre
ce qu'il veut dire ; mais il faut être
au double animal pour avancer que
l'amour n'est beau qu'en y séparant
tout le physique. Si on sépare le
physique il n'y restera rien, car il ne peut
être l'âme de la nature qu'en qualité
de physique.

J.J. Rousseau fut l'esclave de ses
pensées ; et les dernières l'emportèrent
toujours sur les premières. On ne peut
pas peindre un homme plus amoureux
que son Saint-Preux ; et nous pourrions
cependant le convaincre qu'il n'a pas
aimé sa prétendue nouvelle Héloïse
selon sa belle apostrophe. Le fait est que
l'amour est le plus brutal de tous nos
instincts, et qu'il n'est bon que lorsqu'il
est dans un mouvement moyen qui
n'exclut pas une certaine tranquillité, ce
qui lui donne naissance ne peut être que
l'instinct toujours physique, et ce qui
peut le rendre heureux ne peut être que
l'action physique objet du même instinct.
Un amant donc doit être toujours à
plaindre si la jouissance de l'objet qu'il
aime lui est défendue, et s'il ne la désire
pas il est convaincu qu'il ne l'aime pas.
Lorsqu'un homme devient amoureux il
doit examiner sa flamme, et s'il la trouve
convenable il doit la combiner avec la
raison, et s'il voit des grands obstacles
à son bonheur il doit par un effort
changer d'objet.

Giacomo Casanova
(Archives de Dux)

La Révolution

On dit que le peuple a besoin d'être
trompé ; et s'il est vrai qu'il ait ce besoin,
c'est naturel qu'il aime ceux qui le
trompent, et qu'il finisse par les mettre
en pièces, quand il parvient à les bien
connaître. Vous avez vu actuellement
en France la moitié de ce phénomène
politique ; le temps dans lequel vous
verrez l'autre moitié n'est pas encore
venu.

Le peuple français dut chérir ceux qui,
l'appelant prince, l'autorisèrent à
commettre impunément toutes sortes
de crimes. Sans l'anarchie ils n'auraient
jamais pu le convaincre qu'effectivement
il était souverain. Ajoutons qu'il n'y a
pas, sur tout notre globe, peuple plus
sujet à la séduction que le français ; et
que c'est par la raison qu'il a plus
d'esprit que tous les autres. C'est cet
esprit qui, l'étourdissant, ne lui laisse
pas le temps de réfléchir, et qui le fait
donner dans tous les pièges qu'on lui
tend. Il est l'ami et l'esclave de tous ceux
qui le flattent, leur âme damnée, leur
victime, et l'aveugle ministre de toutes
leurs volontés. Courageux en
conséquence de son étourderie et de sa
gaieté, infatigable, crédule au suprême
degré, et qui, dédaigneux de rien prévoir,
se moque, en chantant, de l'avenir.

Giacomo Casanova,
« Lettre à Snetlage »,
Ma voisine, la postérité,
Éditions Allia, 1998

La langue révolutionnée

SANS-CULOTTE. De ces deux mots on a
formé un substantif, dont le son comique
peut servir à dépiler la rate. Mais vous
faites trop d'honneur aux anciens *gueux*,
et aux *besaces* de la Belgique, les
comparant aux *sans-culottes*, dont

le nom passera à la postérité par des monuments, sur lesquels le temps même aura grande difficulté à exercer ses pouvoirs. Ils s'appellent *sans-culottes* parce que les premiers qui parurent, étaient, à cause de leur pauvreté, positivement sans culotte ; mais en peu de temps la misère disparut, et ils s'habillèrent avec des *pantalons* : c'est un vêtement qui, joignant le bas à la culotte, n'est ni bas, ni culotte, et est l'un et l'autre. Ce costume prit si bien qu'on voit des seigneurs non français, par toute l'Europe, vêtus en pantalons. On peut conjecturer qu'ils sont dévots admirateurs des premiers héros qui donnèrent l'origine à ce beau nom. Les cinq derniers jours de l'an de nouvelle création, nommés à leur honneur *sans-culottides*, rappelleront à la mémoire de la postérité les cinq jours que l'ancienne Rome, à la fin de l'automne, consacrait par des folies publiques à Saturne.

Et jam Saturni quinque fuere dies.

[Et voici déjà les cinq jours de Saturne.]

Vous regrettez, mon cher confrère, que les *sans-culottes* ne se soient pas maintenus purs, et dans leur exemplaire simplicité. Hélas ! songez que s'ils n'eussent pas pris une nouvelle forme, et des nouvelles mœurs, la révolution n'aurait pas fait les brillants progrès qu'elle fit, et que, l'établissement de la république se trouvant manqué, la philosophie ne pourrait pas par conséquent ni la trouver, ni l'appeler *nécessaire*. Le duc d'Orléans, et tous les illustres intrus firent briller à leurs yeux les charmes de l'anarchie, et par là ils devinrent dignes d'être français *révolutionnaires*. Sans cela ils n'auraient pas eu l'honneur de figurer entre les régicides, sous la régie des représentants de la nation, leurs gonfaloniers.

Je suis sûr qu'à l'avenir le mot *parricide* en France n'aura qu'une seule acception. Ce fut un esprit diabolique de *monarchisme* qui s'avisa de nommer parricide une brave nation qui condamna à l'échafaud son roi.

SANS-JUPONS. Ce mot aussi ne manque pas de charmes, et il est moins malhonnête que *sans-culotte*, car au bout du compte le jupon n'exclut pas les jupes. Je ne savais pas qu'il y eût des insurgentes appelées ainsi. Heureuse révolution !

SUICIDER. Non seulement il est nouveau, mais original, et drôle, principalement à cause de la qualité que vous lui donnez de « verbe réciproque. » Étant très petit grammairien, j'avoue que je ne comprends pas comment il puisse l'être, car il est bien possible qu'un nombre de désespérés s'entretuent, mais il est impossible qu'ils s'*entresuicident*. Ce verbe me semble ne pouvoir être que neutre ; et si je me trompe, ayez la bonté de m'instruire. D'ailleurs l'invention de ce mot en laisse apercevoir d'autres, qui tous à leur tour enrichiront la langue. *Caïn fratricida Abel.* C'est beau, bon, et spartiate, car le verbe même dit qu'ils étaient frères. La grande assemblée des représentants de la nation a *régicidé* Louis XVI ; et si ce roi se fût *suicidé*, on pourrait dire *suirégicidé*. Mais on dirait d'un homme mort d'une indigestion, qu'il s'est *indigestionicidé*. On trouve dans l'*Iliade* d'Homère mille mots de cette espèce. On peut en attendant dire que Roland fut le premier *qui suicida*, car avant sa mort on ne connaissait pas ce beau verbe. Faut-il dire : *qui suicida* ou qui *se suicida* ? Le premier le supposerait neutre ; mais s'il est réciproque ou actif, je suis aux champs.

Giacomo Casanova,
« Lettre à Snetlage »,
ibid.

Casanova censuré

*La première édition de l'*Histoire de ma vie *est en traduction allemande, largement « épurée » durant les années 1822-1838. La première édition française paraît de 1826 à 1838 dans une version revue et appauvrie par un Français travaillant en Allemagne, du nom de Laforgue. C'est cette édition que connaissent Stendhal et Musset, Apollinaire et Henri de Régnier, Hesse et Zweig et qui est rééditée pendant un siècle et demi. Laforgue y a corrigé la langue et supprimé ce qu'il considère comme les impudeurs et les incongruités du texte.*

Version Laforgue

Le premier baiser que je leur donnai ne fut ni le produit d'un sentiment amoureux ni le désir de les séduire, et de leur côté elles m'assurèrent quelques jours après qu'elles ne me le rendirent que pour m'assurer qu'elles partageaient mes honnêtes sentiments de fraternité ; mais ces baisers innocents ne tardèrent pas à devenir de flamme et à porter en nous un incendie dont nous dûmes être fort surpris, car nous les suspendîmes quelques instants après en nous entre-regardant tout étonnés et fort sérieux. S'étant levées l'une et l'autre sans affectation, je me trouvai seul dans la réflexion. Il n'était pas étonnant que le feu que ces baisers avaient allumé dans mon âme et qui circulait dans mes veines m'eût rendu tout à coup éperdument amoureux de ces aimables personnes. Elles étaient l'une et l'autre plus jolies qu'Angela, et Nanette par l'esprit, comme Marton par le caractère doux et naïf, lui étaient infiniment supérieures.

Version originale

Les premiers baisers que je leur ai donnés ne sortirent ni d'un désir amoureux, ni d'un projet tendant à les séduire, et de leur côté, elles me jurèrent quelques jours après qu'elles ne me les rendirent que pour m'assurer qu'elles partageaient mes honnêtes sentiments de fraternité ; mais ces baisers innocents ne tardèrent pas à devenir enflammés, et à susciter en tous les trois un incendie, dont nous dûmes être fort surpris, car nous les suspendîmes nous entre-regardant après tous étonnés, et fort sérieux. Les deux sœurs bougèrent sous un prétexte, et je suis resté absorbé dans la réflexion. Ce n'est pas étonnant que le feu que ces baisers avaient allumé dans mon âme, et qui serpentait dans tous mes membres m'ait rendu dans l'instant invinciblement amoureux de ces deux filles. Elles étaient toutes les deux plus jolies que Angéla, et Nanette par l'esprit, comme Marton par son caractère doux et naïf lui étaient infiniment supérieures : je me suis trouvé

J'étais tout surpris de n'avoir pas plus tôt reconnu leur mérite ; mais ces demoiselles étant nobles et fort honnêtes, le hasard qui les avait mises entre mes mains ne devait pas leur devenir fatal. Je n'avais pas la fatuité de croire qu'elles m'aimaient, mais je pouvais supposer que mes baisers avaient fait sur elles le même effet que les leurs avaient fait sur moi ; et, dans ce raisonnement, je voyais avec évidence qu'en employant la ruse et ces tournures dont elles ne devaient pas connaître la force, il ne me serait pas difficile, dans le courant de la longue nuit que je devais passer avec elles, de les faire consentir à des complaisances dont les suites pouvaient devenir très décisives. Cette pensée me fit horreur, et je m'imposai la loi sévère de les respecter, ne doutant pas que je n'eusse la force nécessaire pour l'observer.

Mémoires de Casanova, I, chapitre V,
« Nanette et Marton »
(censuré par Laforgue)

fort surpris de n'avoir pas reconnu leur mérite avant ce moment-là ; mais ces filles étaient nobles, et fort honnêtes, le hasard qui les avait mises entre mes mains ne devait pas leur devenir fatal. Je ne pouvais pas sans fatuité croire qu'elles m'aimaient ; mais je pouvais supposer que les baisers avaient fait sur elles le même effet qu'ils avaient fait sur moi. Dans cette supposition j'ai vu avec évidence qu'employant des ruses et des tournures, dont elles ne pouvaient pas connaître la force, il ne me serait pas difficile, dans le courant de la longue nuit que je devais passer avec elles, de les faire consentir à des complaisances, dont les suites pouvaient devenir très décisives. Cette pensée me fit horreur. Je me suis imposé une loi sévère, et je n'ai pas douté de la force qui m'était nécessaire pour l'observer.

Histoire de ma vie, I, chapitre V,
« Nanette et Marton »

Version Laforgue

Dès que nous fûmes levés, nous fîmes ensemble des ablutions qui les firent beaucoup rire, et qui renouvelèrent nos ardeurs ; ensuite, dans le costume de l'âge d'or, nous achevâmes ce que nous avions laissé à notre souper. Après nous être dit cent choses que, dans l'ivresse des sens, il n'est permis qu'à l'amour d'interpréter, nous nous recouchâmes, et la plus délicieuse des nuits se passa dans les témoignages réciproques de notre ardeur. Ce fut Nanette qui reçut la dernière les preuves de ma tendresse.

Ibid.

Version originale

Nous fîmes tous les trois dans un baquet plein d'eau une toilette de mon invention qui nous fit rire, et qui renouvela tous nos désirs ; puis dans le costume de l'âge d'or nous mangeâmes le reste de la langue, et vidâmes l'autre bouteille. Après nous être dit cent choses, que dans l'ivresse de nos sens il n'est permis d'interpréter qu'à l'amour, nous nous recouchâmes, et nous passâmes dans des débats toujours diversifiés tout le reste de la nuit. Ce fut Nanette qui en fit la clôture.

Ibid.

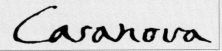

Une figure européenne

*Casanova a largement sillonné l'Europe centrale.
Venise appartient au XIXᵉ siècle à l'Empire autrichien.
Les écrivains allemands se sont saisis de la figure devenue
mythique pour présenter un homme du pur présent
(Hofmannsthal, qui confronte l'ancien séducteur à un fils
devenu adolescent, Hesse qui raconte la tentation
monastique) ou bien du passé (Schnitzler, qui met en
scène un Casanova fatigué, vieillissant, dans l'attente d'un
retour à Venise). Le personnage de Sándor Márai est aussi
un aventurier prêt à toutes les compromissions. Tandis
que Venise devient dans la littérature une lagune délétère,
Casavova se change en un vieux trafiquant de chair, jeune
premier sur le retour rattrapé par sa légende. Aventurier
lui-même, Cendrars est plus indulgent pour celui qu'il
regarde comme un frère d'il y a deux siècles.*

Herman Hesse. Le bateleur de sa propre vie

« Prenez une chaise, dit-il aimablement, et racontez-moi vos péchés.

– Cela prendra du temps.

– Je vous en prie, commencez toujours. Je vous suivrai attentivement. »

En prononçant ces mots, l'excellent homme ne croyait pas si bien dire. Quoique son récit fût aussi succinct et rondement mené que possible, la confession du chevalier exigea trois heures pleines. Au commencement, le prince de l'Église hocha une ou deux fois la tête et poussa quelques soupirs, car il ne s'était encore jamais trouvé confronté à une pareille kyrielle de péchés et il avait une peine incroyable à évaluer chacun de ces méfaits débités ainsi à la hâte, à les additionner et à les garder en mémoire. Il ne tarda pas à y renoncer tout à fait et se contenta d'écouter avec étonnement la narration-fleuve de l'Italien, qui lui raconta toute sa vie sans aucune gêne, avec un détachement qui frisait le grand art. Parfois, c'était l'abbé qui souriait, parfois c'était au tour du pénitent de sourire, sans qu'il s'interrompît pour autant. Son récit vous emmenait dans des pays et des villes étrangères, évoquait la guerre, les voyages maritimes, les cours princières, les monastères, les tripots, la prison, la richesse et la misère, sautant d'un épisode émouvant aux choses les plus folles, de l'innocence au scandale, sans que cela fût à proprement parler ni un roman, ni une confession, mais un récit qui ne manquait pas d'une certaine ingénuité ; il était même parfois enjoué et plein d'esprit, on y sentait constamment l'assurance naturelle à celui qui raconte des choses vécues et qui n'éprouve pas le besoin de minimiser ni d'exagérer lourdement.

Jamais encore l'abbé et prince de l'Empire ne s'était mieux diverti. S'il n'avait pu discerner, dans le ton du pénitent, aucun remords particulier, pour sa part il avait vite oublié qu'il siégeait là en qualité de confesseur et non pas en spectateur d'une palpitante pièce de théâtre.

Hermann Hesse,
La Conversion de Casanova, 1906,
trad. Edmond Beaujon,
Calmann-Lévy, 1980

Sándor Márai. L'objet de tous les regards

Son visage était grave et laid. C'était un visage d'homme, ni beau ni agréable, avec un grand nez charnu, des lèvres fines et sévères, un menton pointu, volontaire ; il était de petite taille, un peu ventru parce qu'il avait grossi durant ses seize mois de prison, privé d'air et de mouvement. Voilà qui est totalement incompréhensible, pensait Teresa. Elle avait l'esprit lent, lourd et niais. C'est totalement incompréhensible, pensait-elle, les oreilles en feu, tout excitée : qu'est-ce que les femmes lui trouvent ? Parce que la nuit à l'auberge et le matin au marché, et partout en ville, dans les boutiques et les tavernes, on ne parlait que de lui, on disait qu'il était arrivé en haillons et couvert de sang, avec un poignard, sans argent, en compagnie de son secrétaire, un autre gibier de potence ; mieux valait ne pas évoquer son nom. Mais on l'évoquait quand même. On l'évoquait même trop. Les femmes et les hommes voulaient

tout savoir, son âge, s'il était blond ou brun, quel était le son de sa voix… Ils parlaient de lui comme d'un chanteur célèbre arrivé dans la ville, ou comme d'un hercule de foire, ou comme d'un illustre castrat qui jouait des rôles de femme dans les pièces de théâtre et savait aussi chanter. Et celui-là, que sait-il faire ? pensait-elle le nez contre la porte et l'œil collé au trou de la serrure.

L'homme qui dormait dans le lit, bras et jambes écartés, n'était pas beau.

Sándor Márai,
La Conversation de Bolzano,
1940, trad N. Zaremba-Huzsvai
et Ch. Zaremba, Albin Michel, 1991

Blaise Cendrars. Le baroudeur

Je considère les Mémoires de Casanova comme la véritable *Encyclopédie* du XVIIIe siècle, […] ce grand vivant de Casanova qui connaissait tout le monde, les gens et les choses, et la façon de vivre de toutes les classes de la société dans les pays d'Europe, et la route et les hostelleries, les bordels, les tripots, les chambrières, les filles de banquiers, et l'impératrice de Russie pour qui il avait fait un calendrier, et la reine de France qu'il avait interviewée, et les comédiennes et les chanteuses d'opéra, Casanova qui passait aux yeux de la police pour un escroc dangereux et dans les salons pour un beau joueur ou un sorcier, le brillant chevalier de Seingalt, chevalier d'industrie, qui fréquentait les ouvriers, les artisans, les brodeuses, les marchandes à la toilette, le petit peuple des rues, cochers et porteurs d'eau, avec qui il était à tu et à toi comme avec le prince de Ligne […] qui se mourait d'impatience pour avoir la suite de ses Mémoires.

Blaise Cendrars, *Pro domo*,
Grasset, 1956

Un mythe cinématographique

Le cinéma a été très tôt fasciné par la figure de Casanova. En 1927, Alexandre Volkoff, l'ancien assistant d'Abel Gance, imagine un Casanova entre Venise et Saint-Pétersbourg. En 1933, sort encore en France le Casanova *de René Barbéris. L'après-guerre permet à l'Italie de retrouver son fils terrible, mort loin de chez lui. Les plus grands cinéastes du pays s'intéressent à lui. Luigi Comencini s'attarde le long des canaux pour reconstituer l'enfance du Vénitien. Il présente un Casanova avant Casanova, découvrant le mensonge clérical avant le mensonge des mots d'amour. Federico Fellini se déchaîne contre le séducteur, qu'il accuse de tous les maux du machisme italien, il en fait un pantin pitoyable. Ettore Scola le replace dans l'Histoire en train de basculer, lorsque, à Varennes, la monarchie perd ses chances en France. Le* Casanova *de Fellini et celui de Scola s'inscrivent dans le sillage de la littérature d'Europe centrale.*

Volkoff. Casanova et Catherine

Le séducteur vénitien Casanova (I. Mosjoukine) est obligé de quitter précipitamment Venise après les nombreuses plaintes reçues par le Conseil des Dix. Il part pour l'Autriche, puis pour la Russie où il rencontre la tsarine Catherine II (S. Bianchetti)… Avec cette superproduction réalisée avec une débauche de moyens, Ivan Mosjoukine tire sa révérence à l'écran muet français. L'année suivante, il sera à Hollywood, croyant donner à sa carrière un nouvel élan, qui fera long feu […]
Le scénario nous donne une vision joyeuse et romanesque du séducteur et aventurier vénitien. Le film est une comédie d'aventures fort bien menée où Casanova/Mosjoukine passe de conquête en conquête avec un entrain contagieux. Il se moque des maris jaloux et des créanciers avec une bonne humeur communicative. Il réussit à effrayer l'affreux Menucci en lui faisant une (fausse) séance de sorcellerie cabalistique qui terrorise le créancier et ses deux hallebardiers (dont l'un est un Michel Simon à l'allure ahurie). Alexandre Volkoff utilise au mieux la ville de Venise avec son carnaval trépidant qui est comme un écho de

la vie de Casanova. Léger et vigoureux comme un héros de cape et d'épée, Mosjoukine saute en selle, escalade une façade de palais ou se bat en duel contre six hommes d'armes. Il sait aussi faire preuve de son sens comique habituel alors qu'il se fait passer pour M. Dupont, le fournisseur de Catherine II. Les costumes sont d'une grande somptuosité, virant par moments au grotesque, comme les basques fort larges et excentriques de l'habit de Casanova à la cour de Russie. Volkoff introduit juste ce qu'il faut de sensualité et de nudité affriolante pour transmettre l'atmosphère de licence et de libertinage du XVIIIe siècle. Le film contient une scène coloriée au pochoir (le carnaval final) qui est une réponse aux séquences en Technicolor bichrome que produisent les Américains à l'époque. L'épisode russe est l'occasion de nous montrer l'assassinat du tsar Pierre III (R. Klein-Rogge) dont la démence ne fait guère de doute. Suzanne Bianchetti, qui était abonnée aux rôles de tête couronnée (Marie-Antoinette, Marie-Louise, Eugénie), se montre plus convaincante que d'ordinaire en impératrice croqueuse d'hommes. Mais le film appartient à Mosjoukine, qui atteint ici son apogée de star du cinéma français. Il ne retrouvera jamais par la suite cette liberté et cette légèreté. Pour finir, il faut saluer la très jolie partition de Georges Delerue qui apporte l'atmosphère pétillante et joyeuse que requiert un tel film.

Ann Harding,
Blog « Ann Harding's Treasures »

Fellini. Casanova, un fasciste

FELLINI. – Qui sait comment était Casanova ? Nous jugeons le personnage d'un livre. Et le personnage se détache, devient un point de référence sur lequel les gens se projettent eux-mêmes. Il me paraît, à moi, un écrivain ennuyeux, qui nous a parlé d'un personnage bruyant, irritant, lâche, un courtisan qui a nom Casanova, un grand bonhomme empanaché qui empeste la sueur et la poudre de riz, qui a la grossièreté d'esprit, la suffisance et la vantardise de la caserne et de l'Église, un qui veut toujours avoir raison. Et il semble aussi l'avoir, parce qu'il sait tout. Mais d'une façon tellement impersonnelle que cela vous écœure. C'est un homme qui ne vous permet même pas d'être ignorant, il se superpose à tout : il a aussi un mètre quatre-vingt-onze, il raconte qu'il peut faire l'amour huit fois de suite, donc, là aussi, la compétition devient impossible, il traduit du latin et du grec, sait tout l'Arioste par cœur, sait les mathématiques, déclame, fait l'acteur, parle très bien le français, a connu Louis XV et la Pompadour. Mais comment peut-on vivre avec un con pareil ? Le personnage ne vous inspire jamais le moindre intérêt, la moindre curiosité, approximatif comme il l'est, rhétorique, emphatique, provocant, courageux aussi – il se battait en duel. Un fasciste. Une sorte d'anticipation de cette typologie grossière et élémentaire, satisfaite de soi, qui se configure dans le fascisme, c'est-à-dire cette façon d'exister, dans le collectif, non l'individuel, de s'enivrer dans l'action pompier, scénographique, de penser selon un système imposé de slogans généraux, sans signification, l'émotion rabaissée à une température physiologique, fiévreuse ; en somme : l'adolescence dans ce qu'elle a de moins bon, c'est-à-dire la présomption, la santé, l'idéalisme fanatique et hypocrite. Le fascisme est une adolescence prolongée au-delà de toute actualité.

J'exagère peut-être un peu, mais le type qui ressort est celui-là. Eh bien, voyez-vous, un type comme cela, moi je pourrais le bien raconter. Le malheur est qu'il est sans mystère, sans innocence, sa médiocrité est une médiocrité de gros malin. Qui sait, peut-être que dans sa vieillesse, quand les camériers du comte de Waldstein le tournaient en dérision, lui faisaient des farces atroces et que lui, empanaché et poudré comme un vieux pitre, continuait à se comporter comme avant la Révolution sans s'apercevoir que les temps étaient changés, quand sa vie, bonne à jeter à la ferraille, sonnant le creux, était réduite à une carcasse chancelante, malade, oui, il se peut qu'alors il aurait suscité un petit peu plus de sympathie, de solidarité, qui sait ? Le scénario plaît à tous ceux qui l'ont lu et Zapponi est convaincu que c'est un des meilleurs de ceux que nous avons faits. Quoi qu'il en soit, l'opération un peu hystérique que moi je veux faire, celle d'une obscure revanche contre ce personnage, est intellectuelle, rigide, tendue. Et, surtout, elle est aussi anti-cinématographique : un film où il n'y a pas de récit, pas de séductions esthétiques, un film abstrait et informel sur une non-vie. Du point de vue stylistique l'expérience peut être tentante. Je crains cependant qu'après les cinq premières minutes... Au fond, le cinéma, un lien profond et indissoluble avec le romanesque, avec la narration, il l'a de toute façon, même dans les œuvres qui semblent le plus désarticulées. Mais là, il n'y a pas de narration ni dans un sens romanesque ni dans le sens psychologique. Il n'y a pas de personnages, il n'y a pas de situations, il n'y a pas de prémisses ni de développements ni de catharsis, un ballet mécanique, frénétique, pour musée Grévin électrifié.

QUESTION – Comment ce film vous est-il apparu ainsi ?

FELLINI – À cause de la nausée qu'il me donnait, de l'ennui, de la hargne ; le contrat que j'avais signé, l'humiliation d'entendre l'équivoque : « Fellini fait le *Casanova* ! Casanova : des milliers de belles femmes ! », d'avoir, en signant le contrat, encouragé cette opération et de m'en être fait le complice... D'instinct, à cause de ce qu'il y a de romagnol en moi, tout cela a provoqué en moi une telle révolte qu'elle m'a rendu insupportable tout ce qui concernait le projet. J'ai donc lu Casanova avec une défiance et une rage croissantes, en arrachant les pages : chaque fois que j'avais fini une page, je ne la tournais pas, je la déchirais. Bernardino Zapponi n'en revenait pas de me voir mettre en pièces l'édition Mondadori des *Mémoires*, qui est introuvable. L'ennui dêtre obligé à un minimum de documentation, obligé de feuilleter des livres, des documents, de regarder des centaines de tableaux, de me plonger à contrecœur, avec répugnance, dans le XVIIIe, en somme, de perdre une année de temps, est devenu peu à peu une forme de refus total.

Interview d'Aldo Tassone, 1975,
in *Le Casanova de Fellini, scénario*,
Albin Michel, 1977

Comencini. Casanova, un cynique de son temps

QUESTION – Mieux que le titre français, le titre original italien de votre film : « Enfance, vocation et premières expériences de Giacomo Casanova, à Venise » situe son véritable propos : celui d'une « chronique » historique...

COMENCINI – C'est précisément ce que j'ai voulu faire. Je me suis inspiré non seulement des cinq premiers chapitres des « Mémoires » de Casanova, mais également de plusieurs chroniqueurs de l'époque. Surtout le président De Brosses et Goldoni. C'est une tranche de vie à Venise, mais c'est aussi le rapport d'un enfant à cette tranche de vie, dans une société proche de la décadence. C'est un de mes thèmes favoris que d'étudier les rapports de l'enfant avec le monde des adultes, avec la société qui le conditionne. Il est remarquable, par exemple, que Casanova ait été d'abord destiné à la carrière ecclésiastique et qu'il ait trouvé une autre façon « percer » qui lui a été suggérée par son succès auprès des femmes. Solution plus cynique apparemment, mais au fond pas moins cynique que la carrière ecclésiastique envisagée seulement comme une carrière.

QUESTION – Pour un garçon d'origine pauvre, c'était cependant la seule façon d'échapper à sa condition ?

COMENCINI – Exactement. Comme le dit d'ailleurs le curé qui l'instruit pour en faire un grand ecclésiastique : « Si tu étais noble, tu pourrais être un mauvais prêtre sans nuire à ta carrière ; pauvre, tu devras être un saint pour devenir quelqu'un. » Cette phrase me semble essentielle pour le film. Casanova trouve un moyen plus simple pour atteindre son but.

Un aspect remarquable de ses « Mémoires », c'est le soin scrupuleux avec lequel il note tout. On a toujours mis en avant ses aventures érotiques, mais c'est aussi un excellent chroniqueur des rapports sociaux. C'est un homme froid qui pense seulement à son succès personnel et qui, même par certains côtés – il a écrit contre Voltaire –, apparaît comme réactionnaire. C'est pourquoi le personnage adulte

m'intéressait moins. Mais l'enfant, né dans certaines conditions économiques, sociales, à un certain moment historique, prend en compte de façon curieuse et ingénue tout ce qui l'entoure. C'est la position de l'enfant Casanova – qui n'est pas un enfant heureux, il éprouve un tas de déboires, ses parents ne s'occupent pas de lui, il est exploité par tout le monde – acceptant tout de façon naturelle jusqu'au moment où il commence à comprendre. Ainsi, sa période de l'enfance se termine-t-elle sur la réplique du curé que je viens d'évoquer : « Pauvre, tu dois être vertueux. » Car seulement les riches peuvent se livrer au libertinage sans mettre en cause leur statut social. Ce raisonnement lui reste dans la tête et c'est la base de son attitude ultérieure et cynique.

Sur un autre plan, j'ai aussi voulu dépouiller le XVIIIe siècle de l'imagerie que l'on inculque à l'école : Watteau, les « Fêtes galantes »… Dans cette imagerie, chaque siècle a une étiquette, qui est toujours fausse. En réalité, les pauvres étaient pauvres et luttaient et les riches étaient riches et commandaient. C'est une constante de toutes les civilisations jusqu'à ce jour et on n'en parle jamais. Or c'est une donnée essentielle, pour comprendre un moment historique, de savoir comment vivaient les pauvres gens.

Casanova m'a donc donné cette chance de raconter l'Histoire telle que je la conçois. Cet enfant qui subit tout, note tout, ne se révolte pas mais commence à devenir malin et cynique au contact de l'environnement social, est la parfaite illustration de tout un univers.

Interview de Luigi Comencini, in *L'Humanité*, 5 janvier 1977

BIBLIOGRAPHIE

Œuvres de Casanova
– *Histoire de ma vie*, Brockhaus-Plon, 1960-1962, 12 vol. en 6 t.
– *Histoire de ma vie*, suivie de textes inédits, 3 vol., Robert Laffont, « Bouquins », 1993.
– *Icosameron, ou Histoire d'Édouard et d'Élisabeth*, François Bourin, 1988.
– *Essai de critique sur les mœurs, sur les sciences et sur les arts*, éd. G. Lahouati, Pau, 2001.

Anthologies de l'*Histoire de ma vie*
– *Mémoires 1744-1756*, éd. René Démoris, GF-Flammarion, 1977.
– *Histoire de ma vie*, éd. Jean-Michel Gardair, Gallimard, coll. Folio, 1986.
– *Le Bel Âge*, Gallimard, 2011.

Venise
– P. Braunstein et R. Delort, *Venise. Portrait historique d'une cité*, Seuil, 1971.
– F. Lane, *Venise. Une république maritime*, Flammarion, 1985.
– Ph. Monnier, *Venise au XVIIIᵉ siècle*, Complexe, 2001.

Biographies
– A. Buisine, *Casanova l'Européen*, Tallandier, 2001.
– G. Chaussinand-Nogaret, *Casanova. Les dessus et les dessous des Lumières*, Fayard, 2006.
– M. Rovere, *Casanova,* Gallimard, 2011
– J. Rives Childs, *Casanova*, tr. fr., J.-J. Pauvert-Garnier, 1983.
– Ch. Wright, *Casanova ou l'Essence des Lumières*, Bernard Giovanangeli, 2008.
– S. Zweig, *Trois poètes de leur vie, Stendhal, Casanova, Tolstoï*, Le Livre de poche, 2003.

Essais
– R. Abirached, *Casanova ou la Dissipation*, Grasset, 1961 (rééd. Titanic, 1996).
– E. Bartolini, *Le Crépuscule de Casanova, 1774-1798*, Desjonquères, 1995.
– L. Flem, *Casanova ou l'Exercice du bonheur*, Seuil, 1995.
– J.-Ch. Igalens, *Casanova. L'écrivain en ses fictions*, Garnier, 2011.
– F. Furlan, *Casanova et sa fortune littéraire*, Ducros, 1971.
– M.-F. Luna, *Casanova mémorialiste*, Champion, 1998.
– M.-F. Luna éd., *Casanova fin de siècle*, actes du colloque de Grenoble, Champion, 2002.

– A. Mainardi, *Le Monde secret de Casanova*, Zulma, 2005.
– F. Marceau, *Casanova ou l'anti-Don Juan*, 1949, Gallimard, 1985.
– S. Roth, *Les Aventuriers au XVIIIᵉ siècle*, Galilée, 1980.
– F. Roustang, *Le Bal masqué de Giacomo Casanova*, Éditions de Minuit, 1984.
– Ph. Sollers, *Casanova l'admirable*, Plon, 1998.
– A. Stroev, *Les Aventuriers des Lumières*, PUF, 1997.
– Ch. Thomas, *Casanova. Un voyage libertin*, Denoël, 1985 (rééd. Gallimard, coll. Folio, 1998).
– J.-D. Vincent, *Casanova. La contagion du plaisir*, Odile Jacob, 1990.

Revues
Trois collections et périodiques :
– *Pages casanoviennes*, J. Pollio et R. Vèze éd., Paris, J. Fort Éditeur, 1925-1926 ;
– *Casanova Gleanings*, J. Rives Childs, puis F.L. Mars éd., Nice, 1958-1980 ;
– *L'Intermédiaire des casanovistes*, H. Watzlawick et F. Luccichenti éd., Genève-Rome, depuis 1984.
Deux numéros spéciaux :
– *Europe*, nᵒ 697, mai 1987.
– *Cahiers de littérature française,* Bergame, 2011.

Iconographie
– *The Glory of Venice. Art in the Eighteenth Century*, Londres, Royal Academy of Arts, 1994.
– *Il Mondo di Giacomo Casanova*, Ed. Marsilio, catalogue de l'exposition de Venise, Ca' Rezzonico, 1998.
– *Venise au dix-huitième siècle*, Paris, Orangerie des Tuileries, 1971.

Fictions
– Hermann Hesse, *La Conversion de Casanova* (1906), Calmann-Lévy, 1980.
– Hugo von Hofmannsthal, *L'Aventurier et la Chanteuse*, 1899.
– Arthur Japin, *Un charmant défaut*, Héloïse d'Ormesson, 2006.
– Pascal Lainé, *Casanova dernier amour*, Ramsay, 2000.
– Sándor Márai, *La Conversion de Bolzano* (1940), Albin Michel, 1992.
– Arthur Schnitzler, *Le Retour de Casanova* (1918), Stock, 2003.
– Sebastiano Vassali, *Dux. Casanova en Bohême*, Éditions du Rocher, 2005.
– Andrzej Zulawski, *Les Choses de la chair*, J.-C. Lattès, 1981.

FILMOGRAPHIE

– A. Volkoff, *Casanova*, 1927.
– R. Barberis, Paris, *Casanova*, 1933.
– L. Comencini, *Casanova, un adolescent à Venise*, 1969.

– F. Fellini, *Le Casanova de Fellini*, 1976.
– E. Scola, *La Nuit de Varennes*, 1982.
– É. Niermans, *Le Retour de Casanova*, 1992.
– L. Hallström, *Casanova*, 2005.
– C. Saura, *Don Giovanni. Naissance d'un opéra*, 2010.

illustration de l'ouvrage de Giacomo Casanova, *Histoire de ma fuite des prisons de la république de Venise qu'on appelle les plombs, écrite à Dux en Bohême l'année 1787*. À Leipzig chez Lenoble de Schöfeld, 1788. BnF, Paris.

5 Giacomo Casanova. *Histoire de ma vie*. Manuscrit. BnF, Paris (NAF 28604, livre III, chap. 15, folio 362r°).

6-7 fond Giacomo Casanova, *Histoire de ma vie*, manuscrit. BnF, Paris (NAF 28604, livre IV, chap. 1, fol 22v° et 23r°).

7 *Tirage de la Loterie royale de France*, gravure anonyme, vers 1776-1777. BnF, Paris.

9 *La Déclaration* (détail), peinture de Pietro Longhi, vers 1750. Museo Civico Correr, Venise.

CHAPITRE 1

10 Portrait présumé de Giacomo Casanova à 35 ans, peinture d'Anton Rafael Mengs, vers 1760. Coll. part.

11 Laissez-passer délivré à Casanova par le duc de Choiseul, en septembre 1767. Archives d'État de Prague.

12-13h *Le Départ du « Bucentaure »* (détail), peinture d'Antonio Stom, début du XVIIIe siècle. Fondation Querini Stampalia, Venise.

12b *Gentilhomme en bauta*, dessin de Pietro Longhi. Museo Civico Correr, Venise.

13b *Le Ridotto*, peinture de Pietro Longhi, vers 1757-1760. Fondation Querini Stampalia, Venise.

14 *Intermezzo*, peinture de Giuseppe De Albertis. Museo

In piazza de S. Marco semo avezzi
Fear palchi ogni sera in sie teatri
D'Opera, e de Comedia a vary prezzi.

Teatrale alla Scala, Milan.

15 *La frateria di Venezia*, peinture de Pietro Longhi, vers 1761. Fondation Querini Stampalia, Venise.

16-17 Casanova enfant et sa famille, scène du film de Luigi Comencini *Casanova, un adolescent à Venise*, 1969.

17h Casanova chez la sorcière, scène du film de Luigi Comencini *Casanova,*

un adolescent à Venise, 1969.

18h *Scène de taverne*, dessin à la plume, encre brune et lavis d'Antonio Diziani (1737-1797). Coll. part.

18b *Audience accordée par le grand vizir Aïmoli-Carac au comte de Saint-Priest, le 18 mars 1779*, peinture de Francesco Giuseppe Casanova, fin du XVIIIe siècle. Musée national du Château de Versailles.

19 Portrait de Giacomo Casanova, dessin à la sanguine de Francesco Casanova, vers 1750-1755. Gosudarstvennyi Istoricheskii Muzei, Moscou.

20h *Le Ridotto*, atelier de Pietro Longhi, vers 1760. Museo Civico Correr, Venise.

20b et **21** *Bal masqué donné pour le mariage de Louis, dauphin de France, avec Marie-Thérèse Raphaëlle d'Espagne* (détails), dessin aquarellé, encre brune et mine de plomb de Charles Nicolas Cochin le Jeune, vers 1745. Musée du Louvre, Paris.

22h Portrait de l'impératrice Catherine II de Russie, peinture de Vigilius Erichsen. Musée russe, Saint-Pétersbourg.

22b Portrait de Stanislas II Auguste Poniatowski en habit de sacre, peinture de Marcello Bacciarelli, 1764. Château royal, Varsovie.

23g Tirage de la Loterie royale de France, gravure anonyme, vers 1776-1777. BnF, Paris.

23d Loterie grammaticale, manuscrit de Casanova. Archives d'État, Prague.

24-25b L'équipage du prince de Ligne, caricature par A. Dettinger. Musée de Teplice.

25h Portrait de Giacomo Casanova à 49 ans, d'après une peinture de Longhi. Coll. part.

25b Laissez-passer délivré à Casanova pour un voyage en Hollande, en octobre 1758. Archives d'État, Prague.

89b Jean-Louis Barrault dans le rôle de Rétif de La Bretonne et Marcello Mastroiani dans le film d'Ettore Scola *La Nuit de Varennes*, 1982.
90 Page de titre de l'ouvrage de Giacomo Casanova, *Icosameron ou Histoire d'Édouard et d'Élisabeth qui passèrent quatre-vingts un ans chez les Mégamicres, habitants aborigènes du protocosme dans l'intérieur de notre globe*, et frontispice avec un portrait de Casanova à l'âge de 63 ans, gravé par L. Berka, Prague 1788. Biblioteca Nazionale Marciana, Venise.
91h Portrait de Nicolas Edme Rétif de La

Bretonne, peinture anonyme, XVIIIᵉ siècle. Coll. part.
91b Page de titre et illustration de l'ouvrage de Rétif de La Bretonne *La Découverte australe par un homme volant, ou le Dédale français*, 1781. BnF Paris.
92-93h *Le Nouveau Monde*, peinture de Giandomenico Tiepolo, 1791. Museo del Settecento Veneziano, Venise.
92b Giacomo Casanova. *Histoire de ma vie*, extrait du livre X, chapitre I, fol 11vᵒ et 12rᵒ. Manuscrit. BnF, Paris.
94 Couverture des *Mémoires de Jacques Casanova de Seingalt*, édition Brockhaus,

1826, et édition Paulin, 1833. Coll. part.
95h Frontispice et page de titre des Mémoires de Giacomo Casanova, illustrés par Fernand Schultz-Wettel, Neufeld et Henius, Berlin, 1925.
95b Jeune femme devant le manuscrit de l'*Histoire de ma vie* de Casanova, chez l'éditeur allemand Brockhaus, vers 1960.
96 Coffret contenant la première partie d'*Histoire de ma vie*, Paris, BnF.

TÉMOIGNAGES ET DOCUMENTS

97 Giacomo Casanova. Poème, mai 1797, manuscrit. Archives d'État de Prague (BOB 16F, folio 515).

119 Donald Sutherland dans le rôle de Casanova, dans le film de Fellini.
120 *In piazza de San Marco, seno avezzi, fitar palchi ogni sera in sie teatri d'opera e de comedia a vary prezzi*, gravure XVIIIᵉ siècle. Collection particulière.
122 Illustration des *Mémoires de Giacomo Casanova*, 1872. Coll. part.
123 Couverture de l'ouvrage de Giacomo Casanova, *Scrutino del libre. Éloges de M. de Voltaire par différents auteurs*, Venise 1779. Biblioteca nazionale Marciana, Venise.
126 *Venise*, dessin à l'encre de Francesco Guardi. Museo civico Correr, Venise.

CRÉDITS PHOTOGRAPHIQUES

REMERCIEMENTS

La gratitude de Michel Delon va à Jean-Christophe Igalens et Gérard Lahouati pour leur aide.
Les Éditions Gallimard tiennent à remercier pour leur aide précieuse :
Madame Bohuslava Chleborádová, historienne de l'art au Regionálni Muzeum v. Teplicích, Teplice.
Françoise Rosenthal, aux Éditions Robert Laffont, et Suzanne David.

ÉDITION ET FABRICATION

DÉCOUVERTES GALLIMARD
COLLECTION CONÇUE PAR Pierre Marchand.
DIRECTION Élisabeth de Farcy.
COORDINATION ÉDITORIALE Anne Lemaire.
GRAPHISME Alain Gouessant.
COORDINATION ICONOGRAPHIQUE Isabelle de Latour.
SUIVI DE PRODUCTION Perrine Auclair.
SUIVI DE PARTENARIAT Madeleine Giai-Levra.
RESPONSABLE COMMUNICATION ET PRESSE Valérie Tolstoï.
PRESSE David Ducreux.

CASANOVA, HISTOIRE DE SA VIE
ÉDITION Élisabeth de Farcy.
ICONOGRAPHIE Claire Balladur.
MAQUETTE ET MONTAGE Hélène Arnaud.
LECTURE-CORRECTION Jean-Paul Harris et Marie-Paule Rochelois.
PHOTOGRAVURE Studio NC.

Michel Delon est professeur de littérature française à la Sorbonne.
Il a publié les œuvres de Sade et de Diderot dans la Bibliothèque de la Pléiade
et dirigé le *Dictionnaire européen des Lumières* (PUF, 1998, poche 2007).
Il est l'auteur de nombreux essais, notamment *L'Idée d'énergie au tournant
des Lumières* (PUF, 1988), *L'Invention du boudoir* (Zulma, 1999),
Le Savoir-Vivre libertin (Hachette, 2000), *Les Vies de Sade* (Textuel 2007)
et *Le Principe de délicatesse. Libertinage et mélancolie
au XVIIIe siècle* (Albin Michel, 2011).

Dépôt légal : octobre 2011
Numéro d'édition : 178605
ISBN : 978-2-07-044012-2
Imprimé en France par Loire Offset Titoulet